Vicens Vives
Educación Secundaria

Aula3D

FQ 2.2
FÍSICA Y QUÍMICA

Á. Fontanet Rodríguez
Catedrático de Física y Química de IES

M.ª J. Martínez de Murguía Larrechi
Catedrática de Física y Química de IES

Índice

Física

7 | **Fuerzas** | 114

1. Las fuerzas
2. Fuerzas cotidianas
3. Representación y suma de fuerzas
4. *Descubre*. El Universo: la ley de gravitación universal
5. *Laboratorio*. Relaciones entre magnitudes
6. Presión

8 | **El movimiento** | 132

1. *Descubre*. El movimiento
2. Velocidad
3. Movimiento rectilíneo uniforme
4. Movimiento rectilíneo uniformemente acelerado
5. *Laboratorio*. Análisis del MRU y el MRUA
6. Causas del movimiento
7. *Descubre*. Seguridad vial

9 | **Fuerzas eléctricas y magnéticas** | 154

1. Fenómenos eléctricos
2. Carga eléctrica y electricidad
3. Circuitos eléctricos
4. Circuitos eléctricos en serie y en paralelo
5. Magnetismo e imanes
6. Relación entre electricidad y magnetismo
7. *Laboratorio*. Electricidad y magnetismo

10 | **Energía y trabajo** | 174

1. Formas de energía
2. Trabajo y energía. Máquinas
3. *Descubre*. Las máquinas simples
4. Cálculo de la energía mecánica
5. *Laboratorio*. Experimentos con máquinas
6. *Descubre*. Luz y sonido
7. Reflexión y refracción de la luz
8. Eco y reverberación

11 | **Calor y temperatura** | 196

1. Calor y temperatura
2. Efectos del calor sobre los cuerpos
3. Propagación del calor
4. *Descubre*. Materiales conductores y aislantes del calor
5. *Laboratorio*. Observación de los efectos del calor

12 | **La energía: obtención y consumo** | 214

1. ¿De dónde viene y para qué sirve la energía?
2. La energía que el mundo necesita
3. Producción de electricidad con energías no renovables
4. La producción de electricidad con energías renovables
5. *Descubre*. Consumo y ahorro de energía
6. *Laboratorio*. Generación y transformación de la energía

Las unidades de medida

¿Cómo es este libro?

Las actividades del libro están clasificadas según los procesos cognitivos que trabajan:

- **Conocer**: en estas actividades los alumnos/as trabajan directamente el contenido.
- **Aplicar**: estas actividades relacionan el contenido trabajado con los conocimientos previos del alumnado y con el entorno, es decir, que trabajan con el contexto.
- **Razonar**: el objetivo de estas actividades es que el alumno/a reflexione, explique y razone los porqués de sus respuestas.

Las actividades con el símbolo ✓ están diseñadas para evaluar el nivel de logro de los estándares de aprendizaje.

Competencias clave

- Comunicación lingüística
- Competencia matemática y competencias básicas en ciencias y tecnología (en este libro solo se indica la matemática porque las de ciencias y tecnología son las propias del área)
- Aprender a aprender
- Conciencia y expresiones culturales
- Sentido de iniciativa y espíritu emprendedor
- Competencias sociales y cívicas
- Competencia digital

- Las actividades contenidas en este libro han de realizarse en un cuaderno aparte.
- Los espacios incluidos en las actividades son meramente indicativos y su finalidad es didáctica.

Cómo se estructura este libro

INTRODUCCIÓN

Título y pregunta de carácter general, que constituye el centro del tema.

Fotografía que ilustra los aspectos más relevantes del tema.

Introducción motivadora que presenta la materia que se va a estudiar.

Actividades destinadas a repasar algunas nociones previas y a plantearse cuestiones sobre su contenido.

Contenidos del tema.

¿Cómo es este libro?

CONTENIDOS DEL TEMA

Los temas están estructurados en apartados y subapartados.

Documentos que amplían o complementan contenidos.

@ Amplía en la Red...
con actividades de acceso a Internet.

Mapas, fotos, esquemas, dibujos, gráficos... que ilustran el contenido.

Ejemplos resueltos que ofrecen un gran apoyo para la comprensión y el aprendizaje.

Actividades orientadas a trabajar las competencias básicas.

PÁGINAS MONOGRÁFICAS

DESCUBRE

Páginas para profundizar aspectos destacados del tema. Incluyen actividades de comprensión y competenciales.

LABORATORIO

Las actividades experimentales han sido cuidadosamente seleccionadas por su interés didáctico y han sido comprobadas para asegurar el resultado.

PÁGINAS FINALES

Actividades para practicar las competencias científicas y que ayudan a afianzar los contenidos aprendidos en este tema.

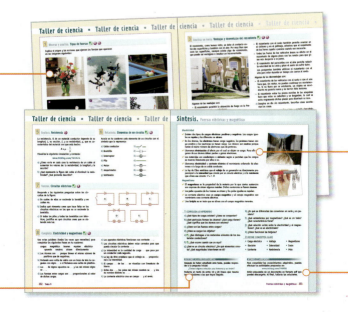

Resumen de los principales contenidos del tema. Se complementa con actividades que también son de síntesis y con una actividad para consolidar el vocabulario.

Afianza lo aprendido.
Propuesta de autoevaluación.

Actividad para sintetizar el contenido del tema.

FÍSICA

7 FUERZAS

¿Qué hace que los objetos se muevan o se deformen?

Esta excavadora debe ejercer una gran fuerza para sostener y levantar las rocas con su pala.

Cuando empujamos y movemos una silla, o cuando apretamos con las manos un bloque de arcilla, estamos aplicando cambios en la materia.

En el primer caso se trata de un cambio de posición, y en el segundo caso, de forma.

Sin embargo, ambas situaciones tienen algo en común: hemos aplicado una fuerza.

En la naturaleza y en la vida cotidiana encontramos diversos tipos de fuerzas. Por ejemplo, el peso es la fuerza con que, en nuestro caso, la Tierra atrae a los objetos, y que depende de la masa de estos.

¿Qué sabemos?

- Observa la excavadora de la imagen. ¿Cómo crees que debe ser la fuerza que ejerce para levantar la pala cargada con rocas?
- ¿Sabes qué es el peso? ¿En qué se diferencian *peso* y *masa*?
- ¿De qué depende el peso? ¿Dónde te parece que pesa más una persona, en la Tierra o en la Luna?
- ¿Por qué la excavadora circula sobre la arena con orugas?

¿Qué aprenderemos?

– Cuáles son las causas de las deformaciones y de los cambios de movimiento.
– Cómo se representan y se miden las fuerzas.
– Cómo se suman fuerzas paralelas y fuerzas perpendiculares.
– Qué ejemplos de fuerzas observamos en nuestra vida cotidiana.
– Por qué pesan los objetos, los planetas giran alrededor del Sol y las estrellas se agrupan formando galaxias.
– Qué significa que un objeto esté o no en equilibrio.
– Qué es la presión.

1 Las fuerzas

1.1. ¿Qué son las fuerzas?

Las fuerzas intervienen en todas las acciones cotidianas. Para lanzar una pelota, mover una silla, arrastrar un carrito o deformar un trozo de plastilina han de actuar fuerzas.

En todos estos ejemplos, las fuerzas, aunque no las veamos, cambian el movimiento de los objetos o los deforman.

> Las **fuerzas** aplicadas a los objetos causan sus **cambios de movimiento** y sus **deformaciones**.

El **newton** (N) es la unidad de fuerza del sistema internacional de unidades (SI).

Tipos de fuerzas

Las fuerzas pueden aplicarse **por contacto** o **a distancia**, dependiendo de si los objetos que ejercen la fuerza necesitan tocar o no los objetos sobre los que la ejercen.

Los dedos deforman más o menos la plastilina dependiendo de la fuerza que ejercen sobre ella.

@ **Amplía en la Red...**

Aprende más sobre fuerzas que causan deformaciones en: www.tiching.com/752445

▸ **Fuerzas por contacto**

Las fuerzas ejercidas entre las bolas de billar, el pie y la pelota, y la cuerda que aguanta la cometa son fuerzas por contacto.

▸ **Fuerzas a distancia**

  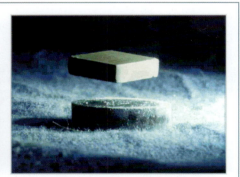

La fuerza de la gravedad y la fuerza magnética son fuerzas a distancia.

¿CÓMO MEDIMOS LAS FUERZAS?

Para medir fuerzas utilizamos unos aparatos denominados **dinamómetros** que aplican la **ley de Hooke**.

Cómo funciona un dinamómetro

Un dinamómetro consta básicamente de un muelle con un extremo fijo y otro libre al que se pueden aplicar fuerzas.

El extremo libre va unido a un índice que recorre una escala graduada situada junto al muelle.

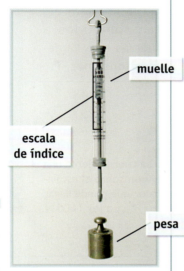

Una pesa de 100 g ejerce una fuerza de aproximadamente 1 N.

La ley de Hooke

Al aplicar una fuerza sobre un muelle:

- El muelle se alarga o se contrae según sea el sentido de la fuerza.
- La longitud de la deformación (alargamiento o contracción) es mayor cuanto más grande sea el valor de la fuerza aplicada.
- Al desaparecer la fuerza que actúa, el muelle vuelve a su longitud inicial.

Según la **ley de Hooke**:

> Las fuerzas son directamente proporcionales a las deformaciones: $F = k \cdot x$.

La **constante de elasticidad**, k, depende del material de que está hecho el muelle; si hace falta mucha fuerza para deformarlo, k tendrá un valor grande, y al revés.

La unidad del SI en que se mide k es el newton por metro (N/m).

Ejemplos

1. Determina la constante de elasticidad, k, del muelle de un dinamómetro que se alarga una longitud de 3 cm al aplicar una fuerza de 60 N.

   Expresamos la deformación en metros:

   $x = 3 \text{ cm} = 3 \text{ cm} \cdot \dfrac{1 \text{ m}}{100 \text{ cm}} = 0{,}03 \text{ m}$

   Aplicamos la expresión de la ley de Hooke, en la que sustituimos los valores de F y de x para, después, despejar la k:

   $60 \text{ N} = k \cdot 0{,}03 \text{ m} \Rightarrow k = \dfrac{60 \text{ N}}{0{,}03 \text{ m}} = 2\,000 \text{ N/m}$

2. Calcula el valor de la fuerza aplicada sobre un muelle sabiendo que su constante de elasticidad es $k = 30$ N/cm y que ha experimentado un alargamiento de 0,04 m.

   Expresamos la constante de elasticidad en el SI:

   $k = 30 \text{ N/cm} = 30 \dfrac{\text{N}}{\text{cm}} \cdot \dfrac{100 \text{ cm}}{1 \text{ m}} = 3\,000 \text{ N/m}$

   Aplicamos la expresión de la ley de Hooke para calcular el valor de F después de sustituir los valores de k y de x:

   $F = k \cdot x = 3\,000 \text{ N/m} \cdot 0{,}04 \text{ m} = 120 \text{ N}$

Actividades

1. Pon ejemplos de acciones que causan las fuerzas.

2. Indica si las fuerzas siguientes son por contacto o a distancia:
   a. La fuerza con que lanzamos una pelota.
   b. La fuerza para mover los pedales de una bicicleta.
   c. La fuerza con que sube un ascensor.
   d. La fuerza que ejerce un imán.
   e. Las fuerzas que hacen caer un vaso y romperse.

3. Calcula la fuerza necesaria para que un dinamómetro de constante de elasticidad $k = 200$ N/m se alargue 10 cm.

4. Determina la constante de elasticidad de un muelle que se comprime 2 cm al aplicarle una fuerza de 50 N.

Fuerzas 117

2 Fuerzas cotidianas

A nuestro alrededor podemos observar numerosos ejemplos en los que intervienen diferentes tipos de fuerzas.

▸ Fuerza motriz, F_m

Para poder hacer que un avión despegue, sus motores deben ejercer una fuerza enorme. Cada motor de un Airbus A380 como el de la imagen ejerce fuerzas de 350 000 N

La **fuerza motriz**, F_m, es la que hace que un objeto se mueva.

▸ Tensión, T

Los objetos sujetos por medio de cables o cuerdas (como el escalador de la imagen) están sometidos a fuerzas que llamamos **tensiones**, T.

◂ La cuerda ejerce una tensión sobre el escalador que puede llegar a los 1 000 N.

▸ Fuerza de rozamiento, $F_{roz.}$

La **fuerza de rozamiento**, $F_{roz.}$, se produce entre las superficies en contacto de dos objetos que se mueven uno respecto del otro (o de un objeto con el aire).

Esta fuerza siempre tiene la dirección del movimiento y el sentido opuesto a él.

El rozamiento nunca deja de existir aunque las superficies de contacto sean muy pulidas, o una de ellas esté helada.

◂ En superficies como el hielo también se produce la fuerza de rozamiento, aunque esta es pequeña.

▸ Fuerza normal, N

Un objeto situado sobre una superficie horizontal no se cae al suelo porque la superficie lo sostiene.

La fuerza que ejercen las superficies horizontales sobre los objetos para evitar que caigan se llama **fuerza normal**, N, y siempre es perpendicular a la superficie (esto es, vertical) y hacia arriba.

El valor de la fuerza normal en este tipo de superficies es igual al del peso de los objetos que se apoyan sobre ellas.

◂ En una superficie horizontal, la fuerza normal es igual al peso.

CONSECUENCIAS DE LA GRAVEDAD: MASA Y PESO

Hay una fuerza que nos afecta a todos constantemente: el **peso**.

Esta fuerza hace que los objetos caigan al suelo si los dejamos libres y que nos mantengamos *pegados* a la Tierra si no ejercemos una fuerza para contrarrestarlo.

Esto ocurre porque la Tierra (como los demás astros) atrae a todos los cuerpos con una fuerza vertical y de sentido hacia el suelo: la **fuerza de la gravedad**.

El peso *p* de un cuerpo de masa *m* es igual al producto de dicha masa por una magnitud, llamada **gravedad**, *g*:

$$p = m \cdot g$$

En la superficie de la Tierra $g = 9,8$ m/s². Por lo tanto, el peso de un objeto de 0,25 kg es:

$$0,25 \text{ kg} \cdot 9,8 \text{ m/s}^2 = 2,45 \text{ N}$$

No hay que confundir **masa** y **peso**:

– La masa de un cuerpo es la cantidad invariable de materia que tiene, y se mide en kilogramos.
– El peso es la fuerza con que la Tierra lo atrae, y se mide en newtons.

Gravedad lunar

¿Por qué en la Luna un astronauta es capaz de realizar grandes saltos teniendo en cuenta todo el equipo que lleva? Esto se debe a que la gravedad en la Luna es de 1,6 m/s², es decir, una sexta parte que en la Tierra.

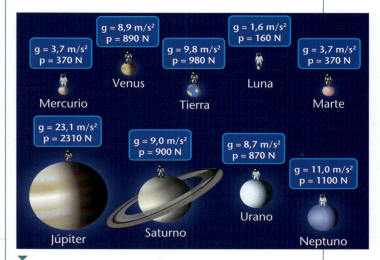

Aunque la masa del astronauta y de su equipo (100 kg) no ha cambiando, su peso variará según dónde se encuentre.

Ejemplos

1. Determina el peso de cuatro objetos de masas: 200 kg, 500 kg, 700 kg y 1 200 kg.

   $p = 200$ kg $\cdot$ 9,8 m/s² $= 1\,960$ N
   $p = 500$ kg $\cdot$ 9,8 m/s² $= 4\,900$ N
   $p = 700$ kg $\cdot$ 9,8 m/s² $= 6\,860$ N
   $p = 1\,200$ kg $\cdot$ 9,8 m/s² $= 11\,760$ N

2. Calcula las masas correspondientes a estos pesos: 9 800 N y 4 000 N.

   $$m = \frac{p}{g} = \frac{9\,800 \text{ N}}{9,8 \text{ m/s}^2} = 1\,000 \text{ kg}$$

   $$m = \frac{p}{g} = \frac{4\,000 \text{ N}}{9,8 \text{ m/s}^2} = 408,16 \text{ kg}$$

Actividades

1. Pon ejemplos con ayuda de dibujos de:
   a. Fuerza motriz.
   b. Fuerza de rozamiento.
   c. Tensión.
   d. Fuerza normal.
   e. Peso.

2. Explica a qué se debe que los objetos que dejamos libres caigan al suelo.

3. Indica los nombres de todas las fuerzas que actúan en cada uno de los siguientes casos:

   a. Trineo arrastrado por una cuerda.
   b. Escalador que cuelga de un cable.
   c. Coche de juguete lanzado sobre una mesa.

4. Determina el peso de las siguientes masas:
   a. 5 kg   b. 60 kg   c. 400 kg

5. Determina la masa correspondiente a los siguientes pesos:
   a. 25 N   b. 300 N   c. 1 200 N

3 Representación y suma de fuerzas

3.1. Características de las fuerzas

Cuando queremos indicar la masa de un objeto basta con indicar su valor en kilogramos (por ejemplo, 1 kg).

Sin embargo, en el caso de las fuerzas hemos visto que debemos dar más información.

Supón que te indican que una persona está aplicando una fuerza de 100 N sobre una mesa. ¿Bastaría con esta información o necesitarías saber algo más?

Además de su valor, debes saber dónde se aplica la fuerza, si se aplica hacia la derecha o hacia la izquierda…

Para expresar correctamente una fuerza necesitamos indicar sus características:

- El **valor** (**módulo**) de la fuerza (en newtons).
- La **dirección** en que se aplica (verticalmente, horizontalmente, con cierto ángulo respecto a la horizontal…).
- Su **sentido** (si es hacia la derecha o hacia la izquierda, hacia arriba o hacia abajo).
- Su **punto de aplicación**, es decir, el punto en el que se aplica la fuerza.

Las fuerzas son magnitudes vectoriales

En general las fuerzas se representan mediante una flecha fig. 1:

- Cuyo origen se encuentra en el punto de aplicación.
- Con una longitud equivalente a su valor, dibujada sobre la dirección que se aplica.
- Con la punta de la flecha que indica su sentido.

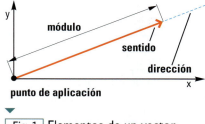

Fig. 1 Elementos de un vector.

Decimos que las fuerzas son **magnitudes vectoriales** y las representamos mediante **vectores**. La magnitud vectorial fuerza se representa como $\vec{F}$ y su valor como F (sin la flecha).

Cómo representar una fuerza

Para representar gráficamente una fuerza debemos seguir una serie de pasos. Por ejemplo, para representar la aplicación de una fuerza de 8 N en el lomo de un libro, con un ángulo de 30° y hacia la derecha, seguiremos estos pasos:

1. Se elige una escala adecuada. En este caso, 1 cm = 1 N.

2. Se dibuja la dirección de la fuerza (con un ángulo de 30° con la horizontal).

3. Se dibuja sobre la recta una línea con una longitud igual al valor de la fuerza (según la escala).

4. Se indica el sentido de la fuerza añadiendo una punta de flecha.

3.2. Suma de dos fuerzas

¿Qué ocurrirá si aplicamos más de una fuerza sobre un mismo objeto? El resultado dependerá de las características de cada una de las fuerzas.

Los casos más sencillos de suma de dos fuerzas son los siguientes:

- **Fuerzas con la misma dirección y el mismo sentido.** Es el caso de dos personas que empujan una mesa desde el mismo lado y en el mismo sentido fig. 2a.

  El resultado es una fuerza que corresponde a la *suma* de las fuerzas aplicadas.

- **Fuerzas con la misma dirección pero sentido opuesto.** Es el caso de dos personas que empujan una mesa desde lados opuestos (una hacia la derecha y otra hacia la izquierda) fig. 2b.

  En este caso, el resultado es una fuerza que corresponde a la *diferencia* de las fuerzas aplicadas, y que tendrá como sentido el de la fuerza mayor.

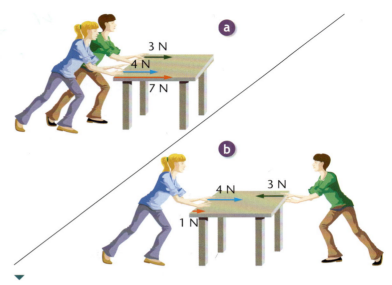

Fig. 2 Dos personas empujan una mesa: a) con la misma dirección y sentido; b) con la misma dirección pero sentidos opuestos.

Fuerzas perpendiculares

En la situación que ilustra la figura, dos chicos tiran de una caja mediante una cuerda cada uno, de manera que ambas cuerdas forman un ángulo de 90°.

El resultado de su suma es otra fuerza cuya dirección es la diagonal del rectángulo que forman y cuyo sentido apreciamos en la figura. Su valor lo obtenemos a partir del teorema de Pitágoras.

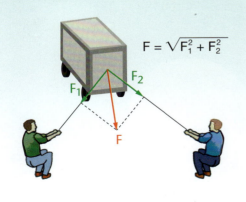

$$F = \sqrt{F_1^2 + F_2^2}$$

Ejemplo

1. Calcula el valor de la suma de dos fuerzas de valores 10 N y 15 N en los casos siguientes:

   a) Si son paralelas y del mismo sentido.

   b) Si son paralelas y de sentidos opuestos.

   c) Si son perpendiculares.

   a) Sumamos sus valores: 10 N + 15 N = 25 N

   b) Restamos el valor mayor menos el menor:

   15 N − 10 N = 5 N

   c) Aplicamos el teorema de Pitágoras:
   $$F = \sqrt{10^2 + 15^2} = 18 \text{ N}$$

Actividades

1. ¿Qué características presenta la magnitud fuerza? ¿Qué distingue esta magnitud de otras como la temperatura o el tiempo?

2. Representa en tu cuaderno una fuerza horizontal de 15 N con sentido hacia la izquierda.

3. Calcula el valor de la suma de dos fuerzas, de valores 25 N y 50 N, en los casos en que sean paralelas y del mismo sentido, cuando son de sentido opuesto y cuando son perpendiculares.

Fuerzas 121

4 El Universo: la ley de gravitación universal

El Universo es inmenso, tiene un diámetro cercano a los 10^{25} km. Es tan grande que un rayo de luz tardaría 100 000 millones de años en atravesarlo.

En él encontramos numerosos cuerpos celestes, como galaxias, estrellas y planetas, que se agrupan en diferentes sistemas como consecuencia de las fuerzas de atracción que se ejercen entre sí.

Esta fuerza de atracción es la responsable de que:

- Los objetos experimenten la fuerza peso.
- La Luna gire alrededor de la Tierra.
- Los planetas giren alrededor del Sol.
- Las estrellas se agrupen en galaxias.
- Las galaxias se agrupen en cúmulos de galaxias.

▸ Ley de Newton de la atracción gravitatoria

Basándose en muchos experimentos, el físico inglés Sir Isaac Newton (1642-1727) estableció la **ley de la atracción gravitatoria**.

Esta ley establece que el valor de la fuerza con que se atraen dos cuerpos:

- Es directamente proporcional al producto de los valores de sus masas, m_1 y m_2.
- Es inversamente proporcional al cuadrado de la distancia, d, que las separa.

La constante de gravitación se simboliza con G.

Matemáticamente escribimos:

$$F = G \cdot \frac{m_1 \cdot m_2}{d^2}, \text{ donde } G = 6{,}67 \cdot 10^{-11} \frac{N \cdot m^2}{kg^2}$$

El término 10^{-11} indica que el valor de G es extremadamente pequeño:

$$10^{-11} = 0{,}000\,000\,000\,01$$

Al ser este valor tan pequeño, las fuerzas de atracción solo se aprecian en el caso de que al menos una de las dos masas que se consideren sea muy grande.

La **Tierra** es el tercer planeta del Sistema Solar. Tiene un diámetro de 12 742 km.

El **Sistema Solar** está formado por el Sol y 8 planetas, y tiene un diámetro aproximado de 0,000 95 años luz (tomando la órbita de Neptuno).

Año luz

El Universo es tan grande que, para indicar distancias y tamaños dentro de este, debemos usar una unidad de longitud mayor que el kilómetro.

Esta unidad es el **año luz**, que tiene este nombre porque corresponde a la longitud que recorre la luz en un año: $9{,}46 \cdot 10^{12}$ km (la luz recorre $3 \cdot 10^8$ m cada segundo).

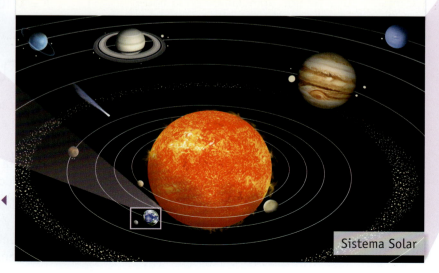

Sistema Solar

Tema 7

DESCUBRE

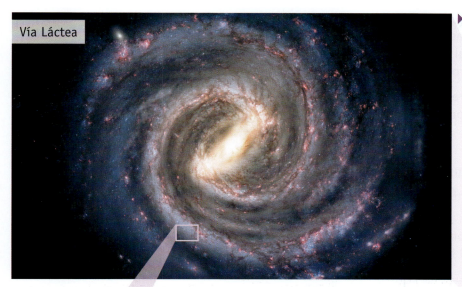

Vía Láctea

▶ La **Vía Láctea**, a la cual pertence el Sistema Solar (situado cerca de la parte exterior), contiene entre 200 000 y 400 000 estrellas y tiene un diámetro de unos 150 000 años luz.

◀ La Vía Láctea forma, junto con unas 40 galaxias más, un cúmulo de galáxias (denominado **grupo local**) que tiene un diámetro aproximado de 6 millones de años luz.

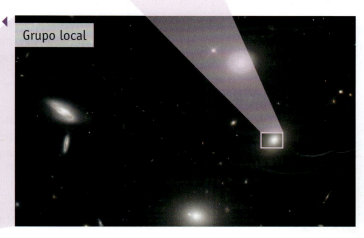

Grupo local

El cúmulo de galaxias en el que se encuentra la Vía Láctea es uno de los millones que forman el **Universo** conocido.

Universo	100 000 millones años luz	$9,5 \cdot 10^{23}$ km
Cúmulo de galaxias	6 millones años luz	$5,7 \cdot 10^{19}$ km
Vía Láctea	150 000 años luz	$1,4 \cdot 10^{18}$ km
Sistema Solar	$9,5 \cdot 10^{-4}$ años luz	$9,0 \cdot 10^{9}$ km
Sol	$1,5 \cdot 10^{-7}$ años luz	$1,4 \cdot 10^{6}$ km
Tierra	$1,3 \cdot 10^{-9}$ años luz	$1,3 \cdot 10^{4}$ km
Luna	$3,7 \cdot 10^{-10}$ años luz	$3,5 \cdot 10^{3}$ km

Actividades

1. Supón que quieres montar una maqueta del Sistema Solar a escala, utilizando 1 canica de 1 cm de diámetro para representar la Tierra, y manteniendo las proporciones reales entre longitudes y distancias.

   a. ¿Qué diámetro deberá tener la canica que representa la Luna?

   b. ¿Y la que representa el Sol?

   c. ¿A qué distancia de la canica que representa el Sol deberás poner la canica que representa Neptuno, el último planeta del Sistema Solar?

   d. ¿Es factible realizar una maqueta como esta?

Fuerzas 123

LABORATORIO

5 Relaciones entre magnitudes

El físico inglés Robert Hooke (1635-1703) desarrolló la ley que lleva su nombre a partir de las experiencias realizadas con muelles y del análisis de las gráficas obtenidas al representar parejas de valores *fuerza-deformación* en dos ejes perpendiculares diferentes.

La representación de pares de valores relacionados se utiliza en muchas ocasiones para analizar las relaciones entre magnitudes.

A. REPRESENTAR RELACIONES ENTRE MAGNITUDES

Para entender las relaciones entre magnitudes acostumbramos a representarlas gráficamente.

En primer lugar se elabora una tabla con pares de valores de las magnitudes que deseamos relacionar. Para hacerlo se repite el mismo experimento varias veces, pero se cambia un poco cada vez una de las dos magnitudes. Luego se representan los pares de valores en unos ejes *OX* y *OY*. Al unir los puntos obtenidos visualizaremos si el resultado es una línea recta o una curva conocida.

Supón que queremos estudiar la relación entre masa y peso. En primer lugar calculamos el peso de diferentes masas y escribimos el resultado en una tabla. Con estos datos dibujaremos la gráfica.

Trabajo en el laboratorio

Esta actividad también la puedes realizar utilizando los datos que hayas obtenido tú mismo en el laboratorio si dispones de estos materiales: pesas de diferentes valores, un dinamómetro y un soporte.

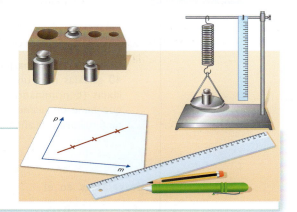

Establecimiento de la gráfica y representación de los datos

1. Dibuja, sobre un papel milimetrado, los ejes de la gráfica. En el eje *OX* se representará la masa (*m*, en kilogramos) y en el eje *OY* se representará el peso (*p*, en newtons).

2. Determina la escala de los ejes. Ten en cuenta los valores máximos y mínimos de cada uno de los parámetros, para poder representarlos sobre el papel.
   - Eje *OX*. El valor mínimo es 0 y el máximo es 5 kg. Por tanto, puedes establecer una escala en la que 1 cm corresponda a 1 kg (tendrás un eje *OX* con una longitud de 5 cm).
   - Eje *OY*. El valor mínimo es 0 y el máximo es 49 N. En este caso no resulta práctica una escala 1 cm : 1 N; es mejor una escala en la que 1 cm corresponda a 10 N, de forma que el eje *OY* tenga una longitud de 5 cm.

3. Dibuja un punto para cada par de valores de la tabla teniendo en cuenta las escalas elegidas.

4. Traza una línea que una los diferentes puntos.

5. ¿Qué tipo de línea se ha obtenido?

Masa (kg)	Peso (N)
0	0
1	9,8
2	19,6
3	29,4
4	39,2
5	49,0

Preguntas

1. ¿Qué hubiera ocurrido si hubieses utilizado una escala 1 cm : 1 N? ¿Qué tamaño tendría la gráfica?

2. ¿Podrías haber utilizado en el caso del eje *OX* una escala 1 cm : 0,5 kg?

124 Tema 7

LABORATORIO

B. OBTENER INFORMACIÓN DE UNA GRÁFICA

El uso de gráficas también nos permitirá entender mejor la relación entre las magnitudes que deseamos relacionar.

Uso de gráficas para entender la relación entre fuerza y alargamiento

1. Si al aplicarle una fuerza de 1 N a un muelle este se alarga 2 cm, ¿cuánto vale la constante k del muelle?

2. Calcula cuánto se alargará al aplicarle las fuerzas de la tabla siguiente:

Fuerza (N)	1	2	3	4	5	6
Alargamiento (cm)	2					

3. Representa los resultados obtenidos de los alargamientos en el eje OX y los valores de las fuerzas en el eje OY.

4. Traza una línea que pase por esos puntos. Describe la gráfica que obtienes y relaciónala con la expresión que conoces entre fuerza y alargamiento: $F = k \cdot x$.

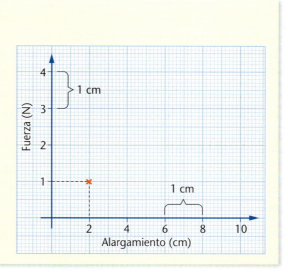

Simulación TIC @

Para saber más sobre la diferencia entre masa y peso practica con la siguiente simulación: www.tiching.com/64550

a. Comienza trabajando en la *Tierra*. Cuelga la masa de 250 g en el muelle 1 y verás que oscila durante un tiempo. Cuando se pare, mueve la regla, y observa y anota la deformación que ha experimentado. Calcula y anota el valor de k, según las relaciones:

$$p = m \cdot g \quad \text{y} \quad F = k \cdot x \Rightarrow m \cdot g = k \cdot x \Rightarrow k = m \cdot \frac{g}{x}$$

b. Luego cuelga del mismo muelle la masa de 100 g. Anota el alargamiento que este experimenta. Repite el proceso activando el botón de *Luna* y anota el alargamiento.

Conociendo del apartado anterior el valor de k, calcula y anota el valor de la gravedad en la Luna. Consulta, en la página 121, el valor real de la gravedad en la Luna. ¿Coincide con el que has obtenido? Reflexiona y escribe a qué pueden deberse las diferencias.

c. Repite el proceso anterior activando el botón de *Júpiter* para calcular el valor de la gravedad en el planeta Júpiter.

d. Anota la deformación que experimentan los muelles si colgamos la pesa de 100 g y activamos el botón $g = 0$. Explica por qué.

e. Calcula los pesos y las masas de las pesas de colores a partir de las deformaciones que producen en el muelle 1.

f. Repite los mismos pasos con el muelle 3 variando el valor de su *suavidad* (k). Antes de hacer las simulaciones, piensa qué valores deben coincidir con los obtenidos con el muelle 1. ¿Coinciden realmente? ¿A qué pueden ser debidas las diferencias?

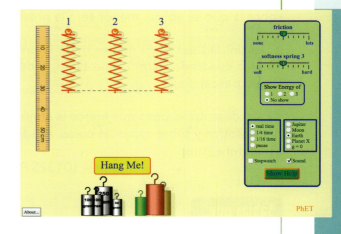

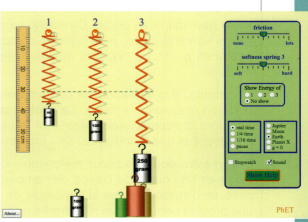

Fuerzas 125

6 Presión

6.1. Eficacia de la fuerza

Para desplazarse mejor sobre la nieve se utilizan los esquís y las raquetas. Al aumentar la superficie de apoyo, la persona que los lleva evita hundirse a consecuencia de su peso.

En la naturaleza encontramos ejemplos de este hecho: las aves que se desplazan sobre la arena o el barro tienen los dedos de sus patas unidos por una membrana, que aumenta la superficie de apoyo y les sirve para no hundirse a causa de su peso [fig. 1].

El tamaño de la *superficie de apoyo* es importante porque varía la eficacia de las fuerzas.

6.2. La presión

Como acabamos de ver, existe una relación entre la fuerza aplicada y la superficie sobre la que se aplica. Para establecer esta relación se define la magnitud *presión*:

> La **presión**, P, es el cociente entre una fuerza aplicada, F, y la superficie, S, sobre la que se aplica:
>
> $$P = \frac{F}{S}$$

Es decir, para una misma fuerza, cuanto mayor es la superficie sobre la que se aplica, menor será la presión ejercida.

> La unidad del SI en que se mide la presión es el newton por metro cuadrado (N/m^2), que tiene nombre propio y se denomina **pascal** (Pa).

Para describir el peso que ejerce la atmósfera que nos rodea, sobre nosotros y sobre todas las cosas, se utiliza otra unidad llamada **atmósfera** (atm):

$$1 \text{ atm} = 101\,325 \text{ Pa}$$

Fig. 1 Tanto la oca como la pala excavadora se apoyan sobre superficies grandes (las patas palmeadas y las orugas, respectivamente) para no hundirse en el terreno.

Sabías que...

Para introducir un clavo en una madera necesitas un martillo y un clavo que acabe en punta. El martillo se necesita para ejercer una fuerza sobre el clavo, pero puedes comprobar que, si el clavo no acaba en punta, se necesita mucha fuerza para introducirlo en la madera.

En cambio, si la superficie de contacto con la madera es pequeña, la fuerza necesaria es menor. La diferencia es que la *presión* ejercida sobre la superficie es mayor. Por lo tanto, para clavar un clavo no necesitas una gran fuerza, sino una gran presión.

Según esto, podría parecer inexplicable que un faquir pueda tumbarse en una cama de clavos. Sin embargo, como al tumbarse su peso se distribuye sobre la superficie de todos los clavos, resulta una presión pequeña que no permite que los clavos le hagan daño.

APLICACIONES DE LA PRESIÓN

Existen numerosas aplicaciones tecnológicas relacionadas con la presión. Una de las más conocidas es la de la **prensa hidráulica**, que se basa en la transmisión de la presión a través de un líquido. Esta prensa sirve para subir grandes pesos mediante fuerzas pequeñas.

En la imagen se muestra un esquema de su funcionamiento: al ejercer una fuerza F_A en el émbolo A, la presión generada llega al émbolo B, que ejercerá una fuerza F_B.

Pero, ¿cómo es esta fuerza F_B? Para calcularla utilizamos la siguiente fórmula:

$$F_B = \frac{F_A \cdot S_B}{S_A}$$

Por tanto, cuanto mayor sea la superficie grande (S_B) respecto de la pequeña (S_A), mayores pesos podremos subir.

Nuevas aplicaciones

Recientemente están apareciendo nuevas aplicaciones tecnológicas relacionadas con la presión, como:

- Teléfonos inteligentes (*smartphones*) cuyas pantallas son sensibles a la presión táctil, de forma que, según la presión que ejerzamos, se activarán unas opciones u otras, o podremos dibujar simulando la presión sobre un papel (así, a mayor presión más grueso será el trazo dibujado).
- Baldosas que utilizan las pisadas de la gente que anda sobre ellas para generar electricidad.

@ **Amplía en la Red...**

Trabaja con una simulación de una prensa hidráulica en: www.tiching.com/744986

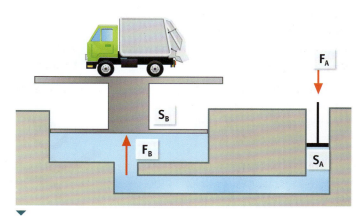

▼ Esquema de una prensa hidráulica.

▶ Teléfono con pantalla sensible a la presión.

◀ Baldosas desarrolladas para transformar nuestros pasos en energía eléctrica.

Actividades

1. Calcula la presión que ejerce un viento con una fuerza de 72 000 N sobre una vela de barco de 12 m².

2. En una prensa hidráulica se ejercen 20 000 N de fuerza sobre un émbolo de 10 m². Calcula la fuerza que ejercerá el otro émbolo si su superficie mide 4 m².

3. Explica por qué crees que:

a. Un clavo debe tener la punta fina para que se clave en la madera con mayor facilidad.

b. Las bicicletas de montaña tienen las ruedas más anchas que las de carretera.

c. Las palas excavadoras con cadenas se hunden menos que las que tienen ruedas.

Fuerzas 127

Taller de ciencia • Taller de ciencia • Taller d

1 Observa y analiza. Tipos de fuerzas

Explica el origen y las acciones que ejercen las fuerzas que aparecen en las imágenes siguientes:

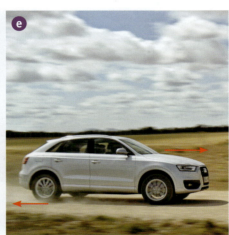

2 Calcula y responde. Medida de fuerzas

a) Determina la constante de elasticidad, k, del muelle de un dinamómetro que se alarga 6 cm al aplicarle una fuerza de 30 N.

b) Determina el valor, la dirección y el sentido de la fuerza que debemos aplicar en el extremo de un muelle de constante k = 2 500 N/m que cuelga en vertical si queremos que se alargue 5 cm.

c) Calcula la suma de dos fuerzas de 3 N y 4 N si son:
   – Paralelas y del mismo sentido.
   – Paralelas y de sentidos opuestos.
   – Perpendiculares.

d) Determina el peso de tres objetos cuyas masas son las siguientes:

   20 kg   5 000 kg   0,03 kg

e) Calcula lo que indicará una balanza cuando coloquemos sobre ella, sucesivamente, los tres pesos siguientes:

   60 N   300 N   2 500 N

f) Teniendo en cuenta que la gravedad en la Luna es de 1,6 m/s^2, determina cuánto pesará en la Luna:
   – Un astronauta de 80 kg.
   – Una astronauta que en la Tierra pesa 616 N.

3. Analiza un texto. Ventajas y desventajas del rozamiento

El rozamiento, como hemos visto, se debe al contacto entre dos superficies y también con el aire. Por muy lisas que sean las superficies, siempre existe algo de rozamiento, que puede ser ventajoso o resultar un inconveniente.

Algunas de las **ventajas** son:

- El rozamiento permitió la obtención de fuego en la Prehistoria para cocinar y calentarse.
- El rozamiento de nuestros pies o nuestro calzado con el suelo nos permite andar y trepar. Pensemos en cómo las superficies heladas y mojadas nos hacen resbalar y a veces caer.
- El rozamiento con el suelo también permite avanzar en el ciclismo y en el patinaje, mientras que el rozamiento de los frenos ayuda a pararse cuando sea necesario.
- Todos los frenos de los vehículos basan su efecto en el rozamiento de alguna pieza con las ruedas para que giren más despacio o se paren.
- El rozamiento del paracaídas con el aire permite reducir la velocidad de la caída y pisar el suelo sin sufrir daño.

   Los parapentes también utilizan el rozamiento con el aire para volar durante un tiempo sin caerse al suelo.

Algunas de las **desventajas** son:

- El rozamiento de los vehículos con el suelo o con el aire hace que, sin motor, no puedan continuar en movimiento. Si no fuera por su existencia, un objeto en movimiento no pararía nunca y no harían falta motores.
- El rozamiento entre las piezas móviles de las máquinas hace que estas se calienten y se desgasten, lo cual se evita engrasando dichas piezas para disminuir su roce.

a) Imagina un día sin rozamiento. Describe cómo sucederían las cosas.

b) Busca información y explica cómo y cuándo descubrieron el fuego nuestros antepasados.

c) Cita más ejemplos en los que intervenga el rozamiento, explicando si, en ellos, es útil o perjudicial.

4. Razona. Las fuerzas

Indica si las afirmaciones siguientes son ciertas o falsas. A continuación, vuelve a escribir estas últimas correctamente en tu cuaderno:

- Para que un cuerpo ejerza fuerza sobre otro deben estar en contacto.
- Para describir una fuerza no basta con conocer su valor o módulo, también hay que saber sobre qué objeto está aplicada.
- Para medir las fuerzas usamos un muelle calibrado, que llamamos dinamómetro.
- La suma de dos fuerzas de 5 N y de 3 N, con la misma dirección y sentido, es otra fuerza de 8 N.
- En física no debemos confundir la masa y el peso, aunque en el supermercado sí se confunden.
- Un objeto tiene la misma masa en la Tierra que en la Luna, pero diferente peso.
- El peso de un objeto en la Luna es la fuerza con que la Tierra lo atrae.

Fuerzas 129

Taller de ciencia • Taller de ciencia • Taller de

5 Busca en la red. Ley de Hooke

Accede a la simulación que encontrarás en la siguiente dirección y que te permitirá experimentar con la ley de Hooke, calcular la constante de elasticidad mediante una serie de pesas y determinar fuerzas:

www.tiching.com/728081

Sigue las instrucciones de la simulación y rellena en tu cuaderno los huecos de una tabla como la siguiente:

Masa	20 g = 0,02 kg	40 g = ▨ kg	60 g = ▨ kg
Peso	0,02 kg · 9,8 m/s² = 0,196 N	▨ N	▨ N
Alargamiento	x_1 = ▨ mm = ▨ m	x_2 = ▨ mm = ▨ m	x_3 = ▨ mm = ▨ m
k = p/x	k_1 = ▨ N/m	k_2 = ▨ N/m	k_3 = ▨ N/m

Teniendo el cuenta que en los tres casos se trata del mismo muelle, ¿cómo explicas los resultados obtenidos para el valor de su constante de elasticidad?

6 Calcula y responde. Fuerzas y aceleraciones

La suma de todas las fuerzas que actúan sobre un cuerpo es la fuerza resultante. Ayudándote de dibujos, indica el valor, la dirección y el sentido de la fuerza resultante en estas situaciones:

a) El motor de un motocicleta ejerce una fuerza motriz de 1 200 N hacia la derecha, y la fuerza de rozamiento de sus neumáticos con la carretera es de 600 N hacia la izquierda.

b) Una grúa sube mediante un cable una caja de ladrillos de 400 kg. La tensión del cable es de 4 320 N.

c) La situación ilustrada en la figura de la derecha.

7 Calcula y responde. Fuerzas y presiones

a) La masa de un pato es de 1 kg y la superficie sobre la que se apoyan sus dos patas mide 50 cm². Calcula el peso del pato y la presión que ejerce sobre el suelo.

b) Con un martillo ejercemos una fuerza de 25 N sobre un clavo cuya punta tiene un área de 0,000 000 08 m². Calcula la presión ejercida sobre él. ¿Cómo variará el resultado si la punta se rompe y su superficie mide 0,000 05 m²?

c) Sabiendo que la superficie de un niño tumbado mide 0,8 m² y que su masa es de 40 kg, calcula su peso y la presión que ejerce sobre una cama con colchón.

d) Queremos subir un peso de 10 000 N mediante una prensa hidráulica. Si la superficie del émbolo grande es 50 veces mayor que la del pequeño, ¿cuál es el valor de la fuerza que debemos ejercer en el émbolo pequeño de esa prensa hidráulica para subir el peso de 10 000 N?

Síntesis. Fuerzas

Fuerzas

- Las **fuerzas** producen cambios en el movimiento y la forma de los objetos. Existen fuerzas **por contacto** y **a distancia**.
- Medimos las fuerzas con **dinamómetros** que, por ser muelles, basan su funcionamiento en la **ley de Hooke**.
- Son fuerzas cotidianas: la **fuerza motriz**, la **tensión**, la **fuerza de rozamiento** y la **fuerza normal**.

Cálculo de fuerzas

- Las fuerzas son magnitudes vectoriales. Debemos conocer su **valor**, su **dirección**, su **sentido** y su **punto de aplicación**.
- Para sumar dos fuerzas que tienen igual dirección y sentido debemos sumar sus valores. Si tienen sentido opuesto, debemos restar sus valores y mantener el sentido de la fuerza mayor.
- La **presión** es el cociente entre la fuerza aplicada y la superficie sobre la que se aplica: $P = F / S$.

Peso y gravedad

- El **peso** de un objeto es la fuerza con que la Tierra lo atrae, y es proporcional a su **masa** y a la gravedad: $F = m \cdot g$.
- El valor de la **gravedad** en la Tierra es de 9,8 m/s^2.
- Todo par de masas se atrae con fuerzas cuyo valor lo determina la ley de la ley de Newton de la **atracción gravitatoria**.

1 CONSOLIDA LO APRENDIDO

a) ✓ ¿Qué efectos pueden tener las fuerzas y en qué unidad se miden?

b) ¿A qué es proporcional el alargamiento de un muelle según la ley de Hooke?

c) ¿Qué características debemos conocer de una fuerza para expresarla correctamente?

d) ¿Cómo se suman dos fuerzas?

e) ¿Qué efectos tienen la fuerza motriz, la tensión, la fuerza de rozamiento y la fuerza normal?

f) ¿Qué es el peso de un objeto? ¿De qué depende?

g) ¿Son iguales el peso y la masa de los objetos en nuestro planeta y en la Luna?

h) ✓ ¿De qué depende la fuerza de atracción entre dos masas? ¿Qué ley describe esta atracción?

i) ¿Qué es un año luz?

j) ¿De qué magnitudes depende la presión?

2 DEFINE CONCEPTOS CLAVE

- Fuerza
- Valor
- Dirección
- Sentido
- Peso
- Masa
- Gravedad
- Presión
- Universo

RESPONDE A LA PREGUNTA INICIAL

Después de haber estudiado este tema, puedes responder a la pregunta inicial:

¿Qué hace que los objetos se muevan o se deformen?

Redacta un texto de entre 10 y 20 líneas que resuma las conclusiones a las que hayas llegado.

AFIANZA LO APRENDIDO

Para consolidar los conocimientos adquiridos, puedes efectuar las actividades propuestas en:

www.tiching.com/744956

Están preparadas en un documento en formato pdf que puedes descargarte. Al final, hallarás las soluciones.

8 EL MOVIMIENTO

¿Cómo podemos describir un movimiento?

Los trenes de alta velocidad (AVE) pueden circular a 300 km/h.

A nuestro alrededor podemos observar numerosos objetos en movimiento: los automóviles, las bicicletas, los aviones..., hasta nosotros mismos.

También los planetas del Sistema Solar están en continuo movimiento alrededor del Sol y todo el sistema se mueve en el Universo.

En todo movimiento podemos establecer un conjunto de parámetros que nos permitirán caracterizarlo, como el origen y el destino del movimiento, la velocidad a la que se ha realizado o el camino seguido, es decir, la trayectoria.

A partir del estudio y del análisis del movimiento y de sus características podremos extraer relaciones matemáticas que nos permitan calcular la posición y velocidad de un objeto que se mueve.

¿Qué sabemos?

- Observa el tren de la imagen. ¿Qué elemento nos permite determinar fácilmente su trayectoria?
- ¿Qué magnitud relaciona la distancia recorrida por un móvil con el tiempo que ha tardado en recorrerla?
- ¿En cuánto tiempo recorre el AVE el trayecto Madrid-Sevilla? ¿En cuánto la recorrerá un tren convencional?
- ¿Qué quiere decir que un automóvil está acelerando?

¿Qué aprenderemos?

– Qué características debemos conocer para entender un movimiento.

– Qué trayectorias pueden seguir los movimientos.

– Qué son y qué diferencia hay entre velocidad y aceleración.

– Cómo se elaboran e interpretan las gráficas de los distintos tipos de movimiento.

1 El movimiento

Una estrella fugaz es un meteoro, una pequeña partícula procedente de un cometa, que en su movimiento a través de la atmósfera se quema y esto permite observar su trayectoria.

Un objeto está en movimiento cuando su posición cambia con el paso del tiempo. El objeto que se mueve recibe el nombre de **móvil**.

A EL MOVIMIENTO ES RELATIVO

Observa los pasajeros del tren de la fotografía. Para la mujer, el niño no está en movimiento, ya que no se está moviendo respecto a ella.

Sin embargo, para cualquier observador que esté situado fuera del tren, el niño sí que está en movimiento, ya que se desplaza con el tren.

Por eso se dice que el **movimiento es relativo**, ya que depende del lugar desde el que lo estemos observando, es decir, del **sistema de referencia** que tomemos.

Un sistema de referencia está formado por unos ejes y un origen respecto al cual referimos la posición de un objeto.

B TIPOS DE MOVIMIENTO

El movimiento de un objeto se puede clasificar según la forma del recorrido que realiza.

Por ejemplo:

- **Movimiento rectilíneo**. El móvil sigue una línea recta. Es el caso de un atleta en una carrera de 100 m lisos.
- **Movimiento circular**. El móvil describe una circunferencia. Es el caso de las cabinas de una noria.
- **Movimiento parabólico**. El móvil describe una parábola. Es el caso de una pelota de baloncesto en un lanzamiento a canasta.

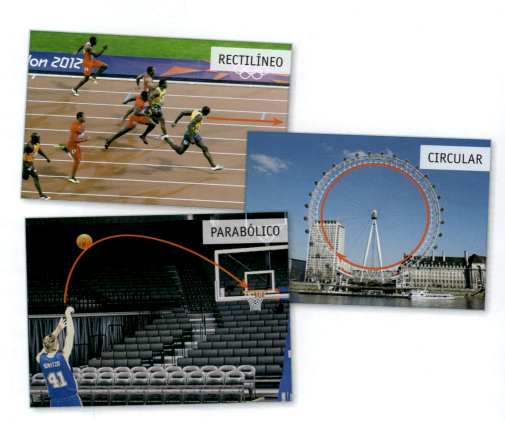

134 Tema 8

DESCUBRE

C DESCRIPCIÓN DEL MOVIMIENTO

Para describir un moviento utilizamos una serie de términos con los que debes familiarizarte. Con el fin de que lo veas más claro usaremos la aplicación Google Maps, que nos permite buscar direcciones y calcular recorridos.

- **Posición, x**. Es el lugar que ocupa el móvil respecto del origen marcado por el sistema de referencia. En este caso, tomamos como origen (posición inicial) el punto 1 del mapa y como destino (posición final) el punto 2.

- **Trayectoria**. Es la línea que une todas las posiciones ocupadas por el móvil durante el recorrido. Así, en el mapa vemos, en trazo continuo, la trayectoria seguida por un automóvil y, en trazo discontinuo, la trayectoria seguida por un peatón.

- **Distancia recorrida, d**. Es la longitud del camino recorrido sobre la trayectoria seguida. En este caso, el coche ha recorrido 400 m y el peatón, 190 m.

- **Desplazamiento, D**. Es la distancia más corta entre las posiciones inicial y final. En nuestro ejemplo es de 190 m.

Como puedes observar, en el caso del automóvil, la distancia recorrida no coincide con el desplazamiento.

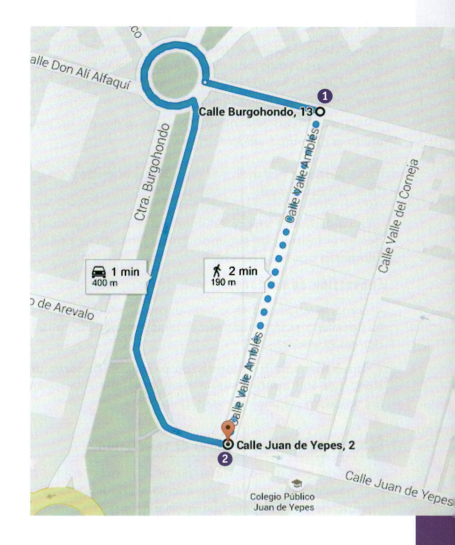

D TIEMPO

En el estudio de los movimientos, trayectorias y desplazamientos, debemos tener en cuenta también el tiempo que transcurre.

Distinguimos dos conceptos respecto al tiempo:

- **Instante de tiempo**, t. Se refiere a un momento determinado.
- **Intervalo de tiempo**, $t_2 - t_1$. Se refiere a lo que mide el cronómetro o reloj entre dos instantes.

La unidad del SI en que se mide el tiempo es el **segundo** (s).

@ Amplía en la Red...

Aprende a distinguir entre trayectoria y desplazamiento en: www.tiching.com/64544

Actividades

1. ¿A qué llamamos móvil? Pon ejemplos de móviles.

2. Indica las trayectorias que siguen: los caballitos de un tiovivo, la pelota lanzada por la raqueta de tenis, el balón que cae desde una ventana, los puntos de la cubierta de una bicicleta, la jabalina lanzada en un campeonato.

3. Explica qué entendemos por posición de un móvil, por desplazamiento y por intervalo de tiempo. ¿Cuáles son sus unidades en el SI?

El movimiento 135

2 Velocidad

2.1. Velocidad

Cuando realizamos durante varios días un mismo recorrido en bicicleta, podemos observar que unos días tardamos más que otros. Cuando hemos hecho el recorrido en menos tiempo decimos que hemos circulado más rápido.

Para saber con qué rapidez hemos realizado un recorrido se utiliza la magnitud *velocidad* fig. 1.

> La **velocidad** nos indica la distancia que recorre un móvil por unidad de tiempo.

La unidad de la velocidad en el sistema internacional de unidades es el **metro por segundo** (m/s). También se utiliza mucho el **kilómetro por hora** (km/h).

Conversión de unidades

Como la velocidad se puede expresar en diferentes unidades, es necesario poder transformar unas unidades en otras para poder compararlas.

Para hacer esta transformación se utilizan **factores de conversión**, que son operaciones matemáticas que relacionan diferentes unidades de una misma magnitud.

Fig. 1 Cuanto mayor sea la velocidad de la bicicleta menor tiempo tarda la ciclista en efectuar su recorrido.

▶ Cómo se aplican los factores de conversión

Supón que quieres saber quién viaja más rápido, el pasajero de un AVE que circula a 300 km/h o el piloto de una avioneta que vuela a 63 m/s.

No podemos comparar ambas velocidades mientras no estén en las mismas unidades.

Para pasar la velocidad de la avioneta de metros por segundo a kilómetros por hora aplicamos los siguientes factores de conversión:

$$v_{avioneta} = 63 \, \frac{m}{s} \cdot \frac{1 \, km}{1000 \, m} \cdot \frac{60 \, s}{1 \, min} \cdot \frac{60 \, min}{1 \, h} = 226{,}8 \, \frac{km}{h}$$

Es decir, el AVE circula más rápido que la avioneta.

Observa que el primer factor de conversión nos permite pasar de metros a kilómetros (1 km = 1 000 m), el segundo nos permite pasar de segundos a minutos (1 min = 60 s) y el tercero de minutos a horas (1 h = 60 min).

Ten en cuenta la posición de las unidades en los factores de conversión, y cómo se simplifican al ir multiplicando (las unidades tachadas). Al final, solo nos queda la unidad pedida: kilómetros por hora (km/h).

2.2. Velocidad media y velocidad instantánea

En algún viaje en coche te habrás fijado en lo que marca el velocímetro, y habrás observado que los valores cambian durante todo el recorrido, según si circulas por autopista, por ciudad… fig. 2 .

> La velocidad que tiene un móvil en cada momento se denomina **velocidad instantánea**, v.

Sin embargo, si te preguntan a qué velocidad has ido, seguramente la expresarás como un promedio de la velocidad durante todo el recorrido, es decir, la *velocidad media*:

> La **velocidad media**, v_m, es el cociente entre la distancia recorrida y el tiempo empleado:
> $$v_m = \frac{d}{t}$$

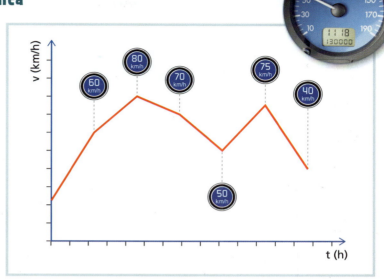

Fig. 2 El velocímetro del coche marca la velocidad instantánea.

▶ La velocidad es una magnitud vectorial

Si una persona te dice que camina a 4 km/h, sabrás lo rápido que va, pero no hacia dónde se dirige. Para saber esto último, necesitas conocer la dirección que lleva y el sentido del desplazamiento.

La velocidad es una **magnitud vectorial** (como la fuerza). Se representa mediante una flecha y debemos conocer:

- Su **valor** o **módulo**. Indica cómo de rápido se desplaza el móvil (por ejemplo, 4 km/h).
- Su **dirección**. Es la trayectoria por la que se mueve.
- Su **sentido**. Hacia la derecha o hacia la izquierda.

Ejemplo

1. Un niño circula en bicicleta con velocidad constante y recorre 6 km en 20 minutos a lo largo de una carretera rectilínea.

   a) Calcula la velocidad media a la que ha pedaleado, expresándola en km/h y m/s.

   b) Determina la distancia que recorrerá si continúa con esta velocidad media durante un total de media hora.

   Expresamos los datos en unidades SI:

   $$20 \text{ min} = 20 \text{ min} \cdot \frac{60 \text{ s}}{1 \text{ min}} = 1200 \text{ s}$$

   $$\frac{1}{2} \text{ h} = 30 \text{ min} = 30 \text{ min} \cdot \frac{60 \text{ s}}{1 \text{ min}} = 1800 \text{ s}$$

   $$6 \text{ km} = 6 \text{ km} \cdot \frac{1000 \text{ m}}{1 \text{ km}} = 6000 \text{ m}$$

   a) Calculamos la velocidad media y la expresamos en km/h:

   $$v_m = \frac{6000 \text{ m}}{1200 \text{ s}} = 5 \text{ m/s}$$

   $$v_m = 5 \frac{m}{s} \cdot \frac{1 \text{ km}}{1000 \text{ m}} \cdot \frac{3600 \text{ s}}{1 \text{ h}} = 18 \text{ km/h}$$

   b) Si en una hora recorre 18 km, en media hora recorrerá:

   $$d = \frac{18 \text{ km}}{2} = 9 \text{ km}$$

Actividades

1. ¿Es lo mismo velocidad media que velocidad instantánea? Pon algún ejemplo.

2. Calcula, en m/s y en km/h, la velocidad media de un patinador que recorre 4 km en 20 min.

3. Una ciclista recorre 50 m por una pista rectilínea en un intervalo de tiempo de 20 s. A continuación, retrocede 20 m en 15 s. Determina:

   a. La distancia total recorrida.

   b. La velocidad media y la que lleva en cada desplazamiento (en m/s y en km/h).

El movimiento

3 Movimiento rectilíneo uniforme

3.1. Movimiento rectilíneo uniforme

Un móvil lleva un **movimiento rectilíneo uniforme** (MRU) si su **trayectoria** es **rectilínea** (se desplaza en línea recta) y su **velocidad** es **constante**.

@ Amplía en la Red...
Trabaja el movimiento rectilíneo uniforme (MRU) en: www.tiching.com/739830

Para calcular la distancia que recorre un móvil que se desplaza con un MRU, tenemos en cuenta que la velocidad es constante, por lo que la velocidad instantánea es siempre igual a la velocidad media fig.1:

$$v = v_m \Rightarrow v = \frac{d}{t} \Rightarrow d = v \cdot t$$

La distancia y el tiempo son directamente proporcionales; si el tiempo se duplica, la distancia se duplica... Es decir, si en 1 s el móvil recorre 5 m, en 2 s habrá recorrido 10 m, en 3 s habrá recorrido 15 m, etc.

Para un móvil que inicie el movimiento en x_0, su posición en el instante t será:

$$x = x_0 + d \Rightarrow \boxed{x = x_0 + v \cdot t}$$

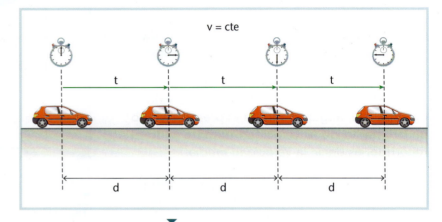

Fig. 1 En un MRU la velocidad es constante.

Ejemplo

1. Un corredor se desplaza sobre una trayectoria rectilínea a 7,2 km/h. Si parte de $x_0 = 0$, halla su posición al cabo de 5 s, 10 s, 15 s y 20 s.

   Elabora una tabla con las parejas de valores posición-tiempo, x-t, y represéntalas en unos ejes de coordenadas. Une los puntos obtenidos y analiza la forma de la gráfica. Luego, representa los valores de la velocidad en unos ejes v-t.

   En primer lugar, expresamos la velocidad en m/s:

   $$v = 7,2 \frac{km}{h} \cdot \frac{1 h}{3600 s} \cdot \frac{1000 m}{1 km} = 2 \text{ m/s}$$

t	$x = x_0 + v \cdot t$
$t_1 = 0$ s	$x_1 = 2 \cdot 0 = 0$ m
$t_2 = 5$ s	$x_2 = 2 \cdot 5 = 10$ m
$t_3 = 10$ s	$x_3 = 2 \cdot 10 = 20$ m
$t_4 = 15$ s	$x_4 = 2 \cdot 15 = 30$ m
$t_5 = 20$ s	$x_5 = 2 \cdot 20 = 40$ m

   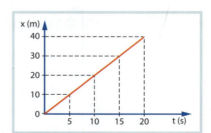 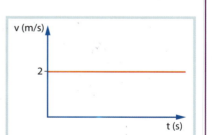

   Al unir los puntos correspondientes a las parejas x-t, resulta una línea recta inclinada. Al unir los de las parejas v-t, como la velocidad siempre es igual a 2 m/s, la gráfica resulta una recta horizontal.

   Esta es la característica de las gráficas posición-tiempo, x-t, y velocidad tiempo, v-t, en el MRU.

▸ **Gráficas del movimiento rectilíneo uniforme**

Conocemos las características de estas gráficas a partir de las ecuaciones de la posición ($x = x_0 + v \cdot t$) y de la velocidad (v = constante).

Gráfica posición-tiempo (x-t)

Como la posición cambia de forma constante, la gráfica es una línea recta inclinada cuya pendiente corresponde a la velocidad del móvil.

Si tomamos el origen de coordenadas en $x = 0$, la posición conincidirá con la distancia recorrida y la recta incluirá el origen de coordenadas. En otro caso, la recta cortará el eje OX en $x = x_0$.

Gráfica velocidad-tiempo (v-t)

Dado que la velocidad es constante, la representación de la velocidad frente al tiempo será una línea horizontal.

Esta línea estará por encima del eje si la velocidad es positiva (el móvil se desplaza hacia la derecha) y quedará por debajo del eje si es negativa (se desplaza hacia la izquierda).

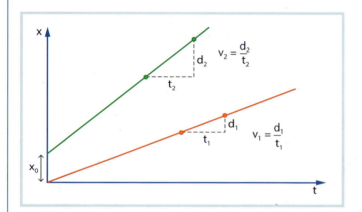
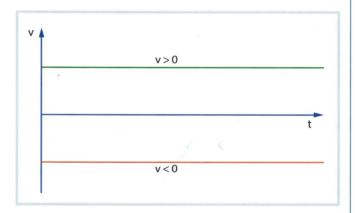

Ejemplo

2. Una ciclista se desplaza hacia la izquierda por un camino rectilíneo. Otra persona mide el tiempo y anota los desplazamientos cada segundo.

   Una vez representadas las parejas de valores x-t sobre una gráfica y unidos los puntos correspondientes, se obtiene la recta de la derecha.

   Calcula la velocidad de la ciclista a partir de dicha gráfica.

   Por la forma de la gráfica deducimos que la ciclista se ha desplazado según un MRU. A partir de la expresión de la velocidad y de las parejas de datos x-t, tenemos que:

   $$v = \frac{x}{t} = \frac{-10 \text{ m}}{2 \text{ s}} = \frac{-20 \text{ m}}{4 \text{ s}} = \frac{-30 \text{ m}}{6 \text{ s}} = \frac{-40 \text{ m}}{8 \text{ s}} = -5 \text{ m/s}$$

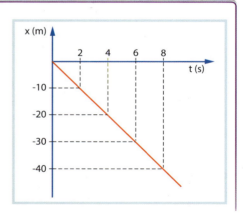

Actividades

1. ¿Qué caracteriza un movimiento rectilíneo uniforme?

2. Calcula la distancia que recorre una corredora en línea recta, con una velocidad constante de 18 km/h, durante 10 minutos. Expresa el resultado en metros y en kilómetros.

3. Prepara y representa las gráficas x-t y v-t de un móvil que circula a una velocidad constante de 12 m/s por una carretera rectilínea y que ha partido de la posición $x = 26$ m.

   ¿Qué posición ocupará cuando haya pasado 1 minuto?

4 Movimiento rectilíneo uniformemente acelerado

4.1. Aceleración

Cuando circulas en coche, no siempre lo haces a la misma velocidad. Cuando aumentas de velocidad dices que *aceleras* y cuando reduces la velocidad, dices que *frenas*.

> La **aceleración** nos indica la variación de la velocidad por unidad de tiempo.

La unidad del SI en que se mide la aceleración es el **metro por segundo cuadrado** (m/s^2).

De la misma forma que en el caso de la velocidad, podemos definir el concepto de *aceleración media* y calcularla como la variación de la velocidad ($v - v_0$) dividida entre el tiempo transcurrido:

> La **aceleración media**, a_m, es el cociente entre la variación de velocidad y el tiempo empleado:
> $$a_m = \frac{v - v_0}{t}$$

Signos de la aceleración

La aceleración media es positiva cuando la velocidad del móvil aumenta, mientras que es negativa cuando la velocidad disminuye. Esta última corresponde al caso de *frenado*.

Por ejemplo, si la velocidad de un motorista aumenta desde 4 m/s hasta 8 m/s en un intervalo de tiempo de 2 s, la aceleración media del motorista será:

$$a_m = \frac{v - v_0}{t} = \frac{8 \text{ m/s} - 4 \text{ m/s}}{2 \text{ s}} = 2 \text{ m/s}^2$$

En el caso en que la velocidad disminuya de 40 m/s hasta 10 m/s en 10 s, la aceleración media será:

$$a_m = \frac{v - v_0}{t} = \frac{10 \text{ m/s} - 40 \text{ m/s}}{10 \text{ s}} = -3 \text{ m/s}^2$$

4.2. Movimiento rectilíneo uniformemente acelerado

> Un móvil lleva un **movimiento rectilíneo uniforme acelerado (MRUA)** si su **trayectoria** es **rectilínea** y su **aceleración** es **constante** fig. 1.

Para calcular la velocidad que alcanza y la distancia que recorre un móvil al desplazarse con un MRUA, tenemos en cuenta que en todo momento su aceleración es la aceleración media:

$$a = a_m = \frac{v - v_0}{t} \Rightarrow \boxed{v = v_0 + a \cdot t}$$

Esta es la **ecuación de la velocidad**, en la que v es la velocidad final alcanzada, v_0 es la velocidad inicial, a es la aceleración y t es el intervalo de tiempo transcurrido.

La posición que ocupa ese mismo móvil se calcula mediante la **ecuación del movimiento**:

$$x = x_0 + v_0 \cdot t + \frac{1}{2} \cdot a \cdot t^2$$

Si el móvil parte de $x_0 = 0$, su posición en cada momento coincidirá con la distancia recorrida.

En los casos en que el móvil parte del reposo, $v_0 = 0$, las ecuaciones de la velocidad y de la posición son:

$$v = a \cdot t \qquad x = x_0 + \frac{1}{2} \cdot a \cdot t^2$$

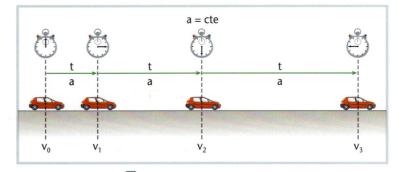

Fig. 1 En un MRUA la velocidad del móvil varía uniformemente.

@ Amplía en la Red...

Trabaja el MRUA y compáralo con el MRU en:
www.tiching.com/109917
www.tiching.com/739831
www.tiching.com/739832

Ejemplo

1. Una esquiadora que se desplaza en línea recta tiene una velocidad $v_0 = 2$ m/s. Si acelera con $a = 1$ m/s²:

   a) Escribe las ecuaciones de su velocidad y de su movimiento.

   b) Da al tiempo los valores de 2 s, 4 s, 6 s y 8 s y determina los correspondientes valores de la velocidad y de la posición utilizando las ecuaciones correspondientes.

   c) Representa en unos ejes a-t, v-t y x-t las parejas de valores obtenidas y analiza las gráficas que resultan de unir los puntos correspondientes.

a) Consideramos $x_0 = 0$ y sustituimos los datos en las ecuaciones de la velocidad y del movimiento:

$v = v_0 + a \cdot t = 2 + 1 \cdot t = 2 + t$

$x = x_0 + v_0 \cdot t + \dfrac{1}{2} \cdot a \cdot t^2 = 0 + 2 \cdot t + \dfrac{1}{2} \cdot 1 \cdot t^2 = 2 \cdot t + \dfrac{1}{2} \cdot t^2$

b) $t_1 = 2$ s; $v_1 = 2 + 2 = 4$ m/s; $x_1 = 2 \cdot 2 + \dfrac{1}{2} \cdot 2^2 = 4 + 2 = 6$ m

$t_2 = 4$ s; $v_2 = 2 + 4 = 6$ m/s; $x_2 = 2 \cdot 4 + \dfrac{1}{2} \cdot 4^2 = 8 + 8 = 16$ m

$t_3 = 6$ s; $v_3 = 2 + 6 = 8$ m/s; $x_3 = 2 \cdot 6 + \dfrac{1}{2} \cdot 6^2 = 12 + 18 = 30$ m

$t_4 = 8$ s; $v_4 = 2 + 8 = 10$ m/s; $x_4 = 2 \cdot 8 + \dfrac{1}{2} \cdot 8^2 = 16 + 32 = 48$ m

	$t_1 = 2$ s	$t_2 = 4$ s	$t_3 = 6$ s	$t_4 = 8$ s
a (m/s²)	1	1	1	1
v (m/s)	4	6	8	10
x (m)	6	16	30	48

c)

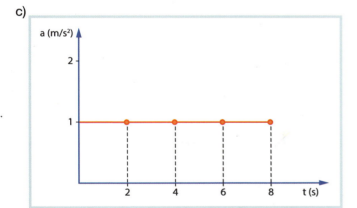

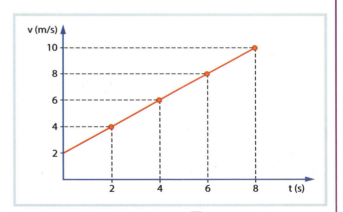

▼ La gráfica de la aceleración, a-t, del MRUA es una recta horizontal; en este caso por encima del eje al ser la aceleración positiva.

▼ La gráfica de la velocidad, v-t, del MRUA es una recta inclinada hacia arriba, ya que la aceleración es positiva.

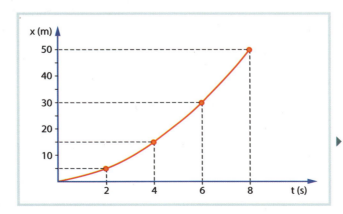

▶ La gráfica de las posiciones, x-t, del MRUA es una curva con forma de parábola.

El movimiento 141

4 Movimiento rectilíneo uniformemente acelerado

Gráficas del movimiento rectilíneo uniformemente acelerado

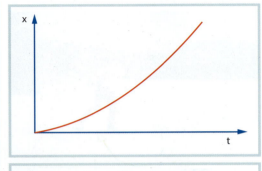

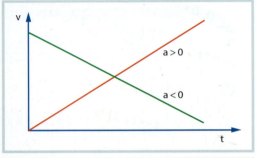

Conocemos las características de estas gráficas a partir de las ecuaciones de la posición $\left(x = x_0 + v_0 \cdot t + \dfrac{1}{2} \cdot a \cdot t^2\right)$, de la velocidad ($v = v_0 + a \cdot t$) y de la aceleración ($a$ = constante).

Gráfica posición-tiempo (x–t)

Es un movimiento con velocidad que varía. Por tanto, la variación de la posición no es constante (es decir, la posición no varía uniformemente), por lo que la gráfica es una línea curva con forma de parábola. El origen dependerá de la posición inicial.

Gráfica velocidad-tiempo (v–t)

Como la aceleración es constante, la velocidad varía de forma uniforme. Por tanto, su representación dará lugar a una línea recta inclinada.

La recta estará inclinada hacia arriba para aceleraciones positivas, y hacia abajo en el caso de aceleraciones negativas (o de frenado).

Gráfica aceleración-tiempo (a–t)

Como en este caso la aceleración es constante, la representación de la aceleración frente al tiempo será una línea horizontal.

En el caso de aceleraciones positivas, la línea se situará por encima del eje OX, mientras que si las aceleraciones son negativas, se situará por debajo del eje.

Actividades

1. Explica la diferencia entre velocidad, aceleración positiva y aceleración negativa.

2. Una pelota de golf acelera desde 0 m/s hasta 30 m/s en 0,1 s. Calcula el valor de la aceleración que ha experimentado la pelota.

3. La gráfica corresponde a la velocidad de dos ciclistas, 1 y 2.

    a. A partir de la gráfica, ¿cuál de los dos ciclistas tiene mayor aceleración? Justifica la respuesta.

    b. ¿Cuál es el valor de la aceleración de cada ciclista?

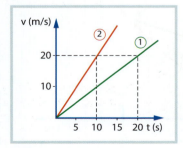

4. Una niña que circula con su bicicleta a 10 m/s, frena hasta los 0 m/s en 2 s. Calcula su aceleración y explica el signo de esta.

5. Un coche parte del reposo desde un semáforo con una aceleración de 2 m/s² y se desplaza por una carretera rectilínea.

    a. Escribe las ecuaciones de su velocidad y de su posición.

    b. Da al tiempo los valores 1 s, 2 s, 3 s y 4 s, y determina los valores correspondientes de la velocidad y de la posición.

    c. Representa gráficamente en tu cuaderno en unos ejes a-t, v-t y x-t las parejas de valores obtenidas. Analiza las gráficas que resultan de unir los puntos correspondientes.

MOVIMIENTO CIRCULAR

La mayoría de los movimientos no mantienen constante su dirección; no son rectilíneos. Un tipo de movimientos cuya dirección cambia constantemente es el *movimiento circular*.

El **movimiento circular** es el que lleva un móvil que tiene una trayectoria en forma de circunferencia.

Encontramos muchos móviles que describen este tipo de trayectorias: la Luna y los satélites artificiales al moverse alrededor de nuestro planeta, la Tierra cuando gira alrededor del Sol, algunas atracciones como norias y tiovivos…

¿Hay aceleración en los movimientos circulares?

Para cambiar el valor de la velocidad hace falta una aceleración que la aumente o la reduzca.

Para cambiar su dirección, la aceleración debe modificar la dirección del vector velocidad.

En el caso de la Tierra, por ejemplo, gira alrededor del Sol por acción de una aceleración denominada *centrípeta*, cuya dirección en cada momento sigue la línea recta de unión de la Tierra y el Sol y su sentido es hacia el Sol.

La lanzadora de martillo gira la bola al tirar de ella. La aceleración que aplica también tiene la dirección de la recta de unión y sentido hacia ella y también se denomina *aceleración centrípeta*.

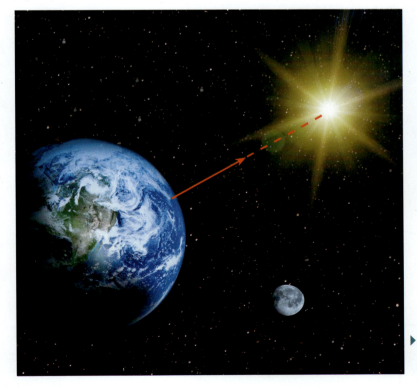

Representación de la aceleración centrípeta en el lanzamiento de martillo.

▶ Se dice que la Tierra "cae" continuamente hacia el Sol, pero está tan lejos que mantiene la distancia.

El movimiento 143

5 Análisis del MRU y el MRUA

LABORATORIO

Una buena forma de estudiar los movimientos rectilíneos uniforme y uniformemente acelerados es mediante simulaciones interactivas. En Internet puedes encontrar diversas simulaciones de este tipo, entre ellas la que te indicamos a continuación:

www.tiching.com/745024

A. TRABAJAR EL MRU

Un móvil se desplaza con movimiento rectilíneo uniforme cuando tiene velocidad constante, es decir, si su aceleración es cero.

Estudio del movimiento rectilíneo uniforme

1. Indica que el valor de la aceleración es de 0 m/s². Escribe una velocidad inicial (por ejemplo, 5 m/s) y deja la posición inicial tal como está (0 m).

2. Sobre la guía por la que se desplaza el móvil se pueden ver dos marcas (una verde y una roja) que nos permitirán marcar los puntos en los que queremos medir el tiempo.

   Copia en tu cuaderno la tabla de la derecha. Coloca las guías en cada uno de los puntos que se indican y presiona *Iniciar* (tras cada experiencia, presiona *Restablecer* para empezar de nuevo). Anota el tiempo empleado en alcanzar cada una de las marcas.

3. Representa gráficamente los valores de la tabla y describe la gráfica que obtienes. ¿Es igual a la que muestra la simulación?

4. Repite la experiencia para diferentes valores de la velocidad.

Material
- Papel milimetrado

Tiempo (s)	Posición (m)
0	0
	5
	10
	15
	20
	25

Preguntas

1. ¿Cómo son las tres gráficas que dibuja el programa para cada experiencia?

2. ¿Qué condiciones iniciales deberíamos aplicar en la simulación para obtener las gráficas inferiores?

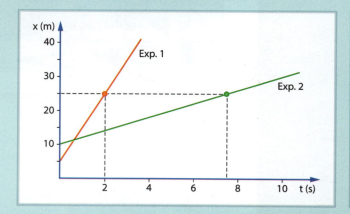
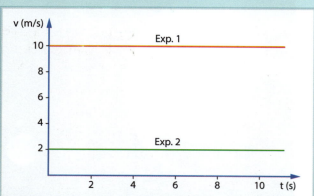

3. ¿Cuál de las dos experiencias corresponde a una mayor velocidad del carrito?

144 Tema 8

LABORATORIO

B. TRABAJAR EL MRUA

Ahora podemos trabajar el movimiento rectilíneo uniformemente acelerado, por lo que en la simulación indicaremos un valor para la aceleración diferente de 0 m/s².

Estudio del movimiento rectilíneo uniformemente acelerado

1. Para trabajar en la simulación con un MRUA, repite los pasos de la página anterior, pero ahora cambia el valor de la aceleración de 0 m/s² a 1 m/s². Fija una velocidad inicial de 0 m/s.

2. Toma los datos correspondientes al tiempo para los 5 puntos indicados, y anótalos en una tabla en tu cuaderno. Añade otra columna a la tabla para escribir la velocidad (en m/s) que tiene el móvil en cada uno de esos puntos.

Tiempo (s)	Posición (m)	Velocidad (m/s)
0	0	0
	5	
	10	
	15	
	20	
	25	

3. Representa en papel milimetrado las gráficas *a-t*, *v-t* y *x-t* para estos datos.

4. Repite la experiencia para otros valores de la aceleración.

Material

- Papel milimetrado

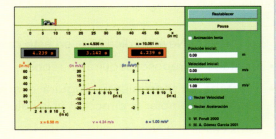

Preguntas

1. Describe cómo son las tres gráficas obtenidas en cada experiencia.

2. Efectúa algunas experiencias con aceleraciones negativas. ¿Qué diferencias observas en las gráficas obtenidas?

C. DISEÑAR UNA EXPERIENCIA PARA EL ESTUDIO DEL MOVIMIENTO

Ahora proponemos diseñar una actividad experimental en el laboratorio para trabajar los movimientos rectilíneos uniforme y uniformemente acelerado.

Preparación de una práctica de laboratorio

1. En grupos, pensad en una experiencia que permita estudiar en el laboratorio tanto el movimiento rectilíneo uniforme como el movimiento recitilíneo uniformemente acelerado.

2. Para ello, podéis seguir estos pasos:
   - Diseñad el montaje.
   - Determinad los materiales que necesitáis.
   - Anotad los parámetros que queréis estudiar.

3. Una vez supervisada y aprobada la actividad por parte del profesorado, llevad a cabo el experimento y anotad los resultados que obtengáis. Es mejor repetir la experiencia tres veces con el fin de disminuir los errores.

Material

- Haz una lista del material que necesitas para construir un montaje semejante al de las dos experiencias virtuales junto a tu grupo de laboratorio.

Preguntas

1. ¿Los resultados obtenidos son tan exactos como los de las experiencias virtuales? ¿Por qué?

2. Explica las ventajas e inconvenientes de los experimentos virtuales y de los reales.

El movimiento 145

6 Causas del movimiento

Al estudiar las fuerzas, vimos que causan deformaciones y cambios en el movimiento de los cuerpos.

Las **leyes de Newton**, establecidas por el físico y matemático inglés Sir Isaac Newton (1643-1727), relacionan las características de los movimientos y de sus cambios con las fuerzas que los producen.

6.1. Primera ley de Newton

La primera ley de Newton se refiere a los casos en que la suma de las fuerzas que actúan sobre un objeto es cero fig. 1.

La 1ª ley de Newton dice que, en este caso, el objeto:

- Si estaba en reposo, seguirá en reposo.
- Si estaba en movimiento, seguirá con el mismo movimiento sin cambiar la dirección ni la velocidad (MRU).

Estos casos se conocen como **situaciones de equilibrio**.

6.2. Segunda ley de Newton

La segunda ley de Newton se refiere a los casos en que la suma de las fuerzas que actúan sobre un objeto no es cero fig. 2.

La 2ª ley de Newton dice que, en este caso, el objeto:

- Si estaba en reposo, se pone en movimiento (MRUA si es una fuerza constante).
- Si estaba en movimiento, modifica su velocidad, su trayectoria o ambas.

En todos estos casos decimos que el objeto acelera y que **no está en equilibrio**.

La relación entre la suma de fuerzas que actúan sobre un objeto, F, su masa, m, y la aceleración, a, que produce es:

$$F = m \cdot a$$

Fig. 1 a) La niña no se mueve porque $N = p$. b) Como $F_m = F_{roz.}$, la bicicleta se mueve con velocidad constante.

La gravedad es una aceleración

Observa estas dos expresiones:

$$F = m \cdot a$$
$$p = m \cdot g$$

El peso es una fuerza, así que la gravedad, g, tiene que ser una aceleración.

Es precisamente la aceleración que tienen los objetos que caen en vertical sobre los que únicamente actúa su peso.

@ Amplía en la Red...

Conoce más sobre la fuerza que hace girar los satélites alrededor de nuestro planeta en: www.tiching.com/744984

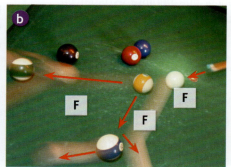

Fig. 2 a y b) La fuerza ejercida sobre la bola de acero o la bola de billar hace que estos objetos se pongan en movimiento. c) Para ganar la carrera, la atleta ejerce más fuerza para acelerar y aumentar su velocidad.

6.3. Tercera ley de Newton

Cuando un cuerpo ejerce una fuerza, o **acción**, sobre otro cuerpo, surge una fuerza de igual valor, paralela y de sentido contrario a la primera, o **reacción**, que se ejerce sobre primer cuerpo.

La 3ª ley de Newton debe tenerse en cuenta para conocer todas las fuerzas actúan sobre los cuerpos.

Para entender mejor los pares de fuerza acción-reacción, observa los ejemplos figs. 3, 4 y 5 :

> **ATENCIÓN**
> Las fuerzas de acción y reacción no se anulan porque se ejercen sobre dos cuerpos distintos.

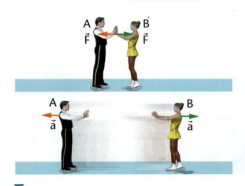

Fig. 3 La acción y reacción entre los patinadores hace que ambos se desplacen en sentidos opuestos.

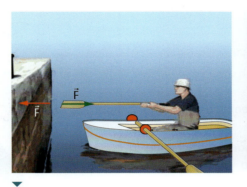

Fig. 4 La reacción de la fuerza que ejerce el tripulante de la barca sobre el muelle hace que la barca se desplace.

Fig. 5 La reacción de la fuerza que ejerce el cohete al expulsar los gases es la que hace que este salga propulsado.

Ejemplos

1. Sobre un coche de 400 kg de masa actúa la fuerza motriz del motor, de valor 1 000 N y la fuerza de rozamiento de los neumáticos con la carretera, de valor 200 N.

   Calcula la aceleración del coche.

   Teniendo en cuenta que la fuerza del motor y la fuerza de rozamiento son paralelas y de sentidos opuestos, la resultante la obtendremos restándolas:

   F = 1000 N – 200 N = 800 N

   Sustituimos los valores conocidos en la expresión correspondiente:

   $F = m \cdot a \Rightarrow a = \dfrac{F}{m} = \dfrac{800 \text{ N}}{400 \text{ kg}} = 2 \text{ m/s}^2$

   La aceleración del coche es de 2 m/s².

2. Un paracaidista de 80 kg de masa salta desde una avión y desciende, antes de abrir el paracaídas, con una aceleración de 7,5 m/s².

   Calcula la fuerza de rozamiento que ejerce el aire sobre el paracaidista.

   La diferencia entre el peso del paracaidista y la fuerza de rozamiento será igual a la masa del paracidista multiplicada por la aceleración con que desciende.

   Es decir:

   $p - F_{roz.} = m \cdot a$
   $F_{roz.} = p - m \cdot a = m \cdot g - m \cdot a = m \cdot (g - a)$
   $F_{roz.} = 80 \text{ kg} \cdot (9,8 \text{ m/s}^2 - 7,5 \text{ m/s}^2) = 184 \text{ N}$

   La fuerza de rozamiento es de 184 N.

Actividades

1. Una corredora de 65 kg de masa ejerce una fuerza motriz de 300 N con sus piernas. La fuerza de rozamiento de sus zapatillas con la pista es de 170 N. Calcula la aceleración que lleva.

2. Un ciclista con su bici tiene una masa de 100 kg. Pedalea con una fuerza motriz de 500 N. Sabiendo que tiene una aceleración de 4 m/s², calcula el valor de la fuerza de rozamiento de las ruedas con la carretera.

7 Seguridad vial

DESCUBRE

COMPORTAMIENTO SEGURO EN LA CIUDAD

Las personas que van a pie son la parte más vulnerable del sistema de circulación de las poblaciones. Por este motivo sufren muchos accidentes de tráfico que se pueden evitar si tanto ellas como los conductores y las conductoras de los vehículos cumplen las normas que regulan el tránsito.

NORMAS DE SEGURIDAD VIAL

Algunas de las normas más elementales que debes cumplir cuando vayas por la calle son las siguientes:

– Tienes que desplazarte por la parte derecha de la acera, junto a los edificios y lejos de la calzada.

– El cruce de una acera a otra debes hacerlo por los pasos previstos: pasos de cebra y semáforos.

– Si hay un semáforo, debes cruzar cuando esté en verde, nunca cuando esté en rojo ni amarillo.

– No está permitido bajar a la calzada bajo ninguna circunstancia.

– Para bajar o subir de un vehículo, deberás hacerlo siempre por el lado de la acera.

Actividades

1. Indica las medidas que se deben tomar en los casos siguientes:

– Al bajar de un autobús y tener que cruzar a la acera de enfrente.

– Al pasar junto a un automóvil que va a dar marcha atrás para aparcar.

– Al ir acompañando a un niño o a una niña.

– Al ver a alguna persona anciana, ciega o imposibilitada que necesita cruzar a la otra acera.

– Al ver que el semáforo se pone en amarillo o que parpadea a mitad de cruce de la calzada.

148 Tema 8

DESCUBRE

EL USO DE LA BICICLETA EN LA CIUDAD

El uso de la bicicleta, en lugar del coche o de la moto, reduce la contaminación atmosférica porque evita emitir al aire los gases de la combustión de los motores. Al mismo tiempo, se hace ejercicio, no se consume combustible y se reduce la contaminación acústica.

La coexistencia de las bicicletas con los vehículos de motor y con las personas que van a pie es posible, pero se debe regular para evitar accidentes.

– En primer lugar, se deben establecer vías propias, exclusivas para bicicletas. Se trata de los llamados *carriles bici*, de los cuales estamos viendo aumentar su número.

– Se debe regular el uso del casco para ciclistas de todas las edades.

– También se debe regular la iluminación delantera y trasera de la bicicleta, necesaria tanto para ver como para que nos vean.

@ **Amplía en la Red...**

Aprende más sobre cómo evitar riesgos al ir en bicicleta en: www.tiching.com/109926

Actividades

2. Haz una lista de las ventajas e inconvenientes que tiene para ti el uso de la bicicleta.

3. ¿Te parece útil la existencia de *carriles bici*?

4. ¿Crees que el uso del casco para ir en bicicleta debe ser obligatorio, aunque sea incómodo?

5. Explica lo que te sugieren las imágenes de la derecha.

El movimiento 149

Taller de ciencia • Taller de ciencia • Taller d

1 Analiza un texto. Distancia de seguridad en carretera

Llamamos **distancia de seguridad** en carretera a la distancia mínima que debe separar un vehículo del que va delante para, en caso de tener que frenar y parar, no chocar con él.

Dicha distancia es la suma de estas otras dos: la *distancia de frenado* y la *distancia de reacción*.

- **Distancia de frenado.** Es la distancia que recorre el vehículo desde que la persona que lo conduce pisa el freno hasta que se para. El valor de esta distancia depende de varios factores: la velocidad que lleve (cuanto mayor sea, más distancia recorre hasta parar), el estado de la carretera (seca, mojada, nevada...), el estado de los frenos y el de los neumáticos.

- **Distancia de reacción.** Es la distancia que recorre el vehículo durante el intervalo de tiempo que tarda la persona que lo conduce en darse cuenta de que tiene que frenar. Esta distancia también depende de varios factores: la visibilidad (niebla, lluvia...), la capacidad de reacción de la persona al volante (cansancio, somnolencia, distracción...).

a) Indica a qué llamamos distancia de seguridad y de qué es la suma.
b) Explica cómo afecta la carretera mojada a la distancia de frenado.
c) ¿Qué precauciones se deben tomar cuando hay niebla en la carretera?
d) ¿Qué debe hacer una persona al volante que esté cansada porque ha conducido muchas horas?

2 Representa. Gráfica velocidad–tiempo

Los datos de la tabla corresponden a las velocidades que lleva un corredor en una carrera. Verás que los valores van cambiando. Representa las parejas de valores en una gráfica sobre los ejes *v-t* y responde razonando a las preguntas:

Tiempo (s)	0	1	2	3	4	5	6	7	8	9	10
Velocidad (m/s)	0	1	2	4	5	7	8	8	9	10	10

a) ¿Lleva algún movimiento de los que has estudiado?
b) Para hacernos una idea de la carrera de este atleta, ¿qué es más útil, la tabla de datos o la gráfica?
c) Expresa las velocidades en km/h.

150 Tema 8

3 Busca en la red. Drones

Busca información sobre qué son y qué aplicaciones tienen los vehículos llamados *drones*. Responde a las siguientes preguntas en tu cuaderno:

a) Enumera cinco aplicaciones de los *drones*.

b) ¿Cuál o cuáles te parecen más interesantes y por qué?

c) Indica si va alguna persona dentro del *dron* y cómo lo dirige.

d) ¿Qué lleva incorporado este pequeño robot para permitir ver imágenes?

Antes de empezar puedes visualizar el siguiente video:

www.tiching.com/745022

4 Razona. Tipos de movimiento

Indica si son verdaderas o falsas las frases siguientes, escribiéndolas correctamente en tu cuaderno en caso de que sean falsas:

- El movimiento rectilíneo es aquel cuya gráfica del desplazamiento es una línea recta.
- El MRU tiene velocidad y aceleración constantes.
- En el MRUA, la aceleración varía constantemente.
- En el movimiento rectilíneo uniforme coincide la velocidad media con la velocidad instantánea.
- La gráfica del desplazamiento en el MRUA es curva, con forma de circunferencia.

5 Razona. Estudio del movimiento

Una chica se desplaza en su monopatín de forma que lleva diferentes tipos de movimientos a lo largo del tiempo. En la gráfica *x-t* están representadas las posiciones en los intervalos de tiempo.

A partir de esta gráfica contesta las preguntas siguientes:

a) ¿Qué tipos de movimiento ha tenido?

b) ¿Qué significa el tramo horizontal que se ve en la gráfica?

c) ¿Cuál es la distancia total que ha recorrido?

d) ¿Y el tiempo total en segundos que ha estado en movimiento?

e) ¿Cuál es la velocidad en cada tramo?

f) ¿Cuál es la velocidad media que ha llevado en todo el recorrido, expresada en m/s y en km/h?

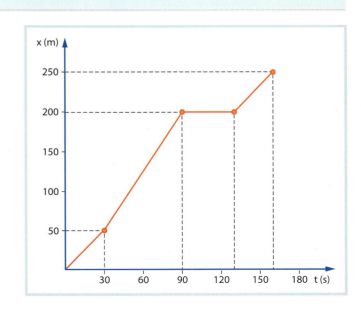

El movimiento 151

Taller de ciencia • Taller de ciencia • Taller d

6 Relaciona. Gráficas del movimiento

Las siguientes gráficas velocidad-tiempo corresponden al movimiento de un autobús. Obsérvalas atentamente e indica en cada caso si el autobús está: acelerando, frenando o moviéndose con velocidad constante. Hazlo en tu cuaderno.

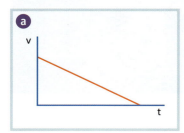
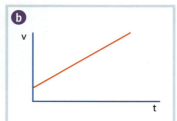

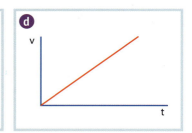

7 Calcula y responde. Análisis de movimientos

a) Una patinadora lleva una velocidad constante de 7,2 km/h por una carretera rectilínea. Expresa la velocidad en m/s y calcula la distancia que recorre en 1 min.

b) Determina la velocidad media de un ciclista que ha recorrido 3 km en línea recta, empleando para ello 6 minutos. Da el resultado en m/s y en km/h.

c) Si vamos en un tren que lleva una velocidad constante de 108 km/h y se mueve a lo largo de una vía recta, ¿cuánto vale el desplazamiento que efectuamos en 25 s? Representa las gráficas x-t y v-t.

d) Un ciclista parte del reposo desde su casa, que tomamos como origen, y pedaleando con una aceleración de 2 m/s² alcanza la velocidad de 36 km/h. Determina el tiempo que ha tardado en alcanzar esa velocidad y el desplazamiento efectuado mientras tanto. Representa las gráficas x-t, v-t y a-t.

e) Un autobús lleva una velocidad de 5 m/s y frena hasta pararse en 2 s. Determina la aceleración de frenado y la distancia recorrida hasta que se para. Representa las gráficas x-t, v-t y a-t.

8 Razona. El movimiento

Indica si son verdaderas o falsas las frases siguientes, escribiéndolas correctamente en tu cuaderno en caso de que sean falsas:

– En el movimiento rectilíneo uniforme la grafica v-t es una línea recta inclinada.

– Para calcular la velocidad necesitamos conocer la distancia y la fuerza aplicada.

– El MRUA tiene velocidad constante.

– En el MRUA la velocidad varía constantemente.

– Con el tiempo total empleado en un movimiento y la distancia total recorrida, calculamos la velocidad media.

– En el MRUA coinciden la velocidad media y la instantánea.

– Las unidades en que se miden la velocidad y la aceleración son el km/h y el N.

– La gráfica velocidad-tiempo en el MRUA es una recta paralela al eje OX.

– El movimiento circular tiene una trayectoria con forma de circunferencia y no posee aceleración.

Síntesis. El movimiento

Movimiento
- Un objeto está en **movimiento** cuando su posición cambia con el tiempo.
- La **posición**, x, es el lugar que ocupa un móvil respecto de un origen. La **distancia recorrida**, d, es la longitud del camino recorrido sobre la trayectoria.

Movimiento rectilíneo uniforme (MRU)
- La **velocidad** es la distancia recorrida por unidad de tiempo. La **velocidad media**, v_m, se calcula como la distancia entre el tiempo: $v_m = d/t$.
- El **MRU** sigue una trayectoria rectilínea y una velocidad constante. Su ecuación del movimiento es: $x = x_0 + v \cdot t$.

Movimiento rectilíneo uniformemente acelerado (MRUA)
- La **aceleración** es la variación de la velocidad por unidad de tiempo.
- El **MRUA** sigue una trayectoria rectilínea y tiene una aceleración constante. Su ecuación de la velocidad es: $v = v_0 + a \cdot t$. Su ecuación del movimiento es: $x = x_0 + v_0 \cdot t + \frac{1}{2} \cdot a \cdot t^2$

Leyes de Newton
- Un cuerpo está en **equilibrio** cuando está en reposo o se mueve con velocidad constante. Esto ocurre si la suma de fuerzas que actúan sobre él es cero.
- Si la suma de las fuerzas que actúan sobre un cuerpo no es cero, este experimenta una **aceleración** proporcional a su masa: $F = m \cdot a$.
- Cada fuerza ejercida, **acción**, tiene una **reacción** de igual valor y dirección, pero de sentido opuesto.

1 CONSOLIDA LO APRENDIDO

a) ¿Qué entendemos por trayectoria de un móvil?

b) ¿Por qué es importante fijar un sistema de referencia para estudiar un movimiento?

c) ¿Qué diferencia hay entre distancia recorrida y desplazamiento?

d) ¿Qué es la velocidad? ¿En qué unidades se mide?

e) ¿Qué características tiene un MRU? ¿Cómo es la ecuación que describe distancias recorridas en un intervalo de tiempo? ¿Cómo son sus gráficas x-t y v-t?

f) ¿Qué es la aceleración? ¿En qué unidades se mide?

g) ¿Qué características tiene un MRUA? ¿Qué ecuaciones lo describen? ¿Cómo son sus gráficas x-t, v-t y a-t?

h) ¿Cómo es la trayectoria que describe un móvil con movimiento circular? ¿Tiene aceleración?

i) ¿Cuándo un cuerpo está en equilibrio?

j) ¿Qué indica cada una de las leyes de Newton?

2 DEFINE CONCEPTOS CLAVE

- Movimiento
- Posición
- Trayectoria
- Distancia recorrida
- Desplazamiento
- Velocidad
- Aceleración
- MRU
- MRUA

RESPONDE A LA PREGUNTA INICIAL
Después de haber estudiado este tema, puedes responder a la pregunta inicial:

¿Cómo podemos describir un movimiento?

Redacta un texto de entre 10 y 20 líneas que resuma las conclusiones a las que hayas llegado.

AFIANZA LO APRENDIDO
Para consolidar los conocimientos adquiridos, puedes efectuar las actividades propuestas en:

www.tiching.com/744957

Están preparadas en un documento en formato pdf que puedes descargarte. Al final, hallarás las soluciones.

9 Fuerzas eléctricas y magnéticas

¿Tienen alguna relación una linterna y un imán?

Las fuerzas magnéticas, como las fuerzas eléctricas, son fuerzas que se ejercen a distancia. En la imagen puedes observar los efectos de las fuerzas magnéticas generadas por un imán sobre unas limaduras de hierro.

Los fenómenos eléctricos y magnéticos se conocen desde la Antigüedad. Durante siglos, se estudiaron por separado hasta que, en el siglo XIX, se observó que estaban estrechamente relacionados.

Ese mismo siglo, concretamente en 1897, se descubrieron los electrones, las partículas cargadas negativamente cuyo movimiento constituye la corriente eléctrica.

El movimiento de los electrones causa efectos muy variados: que los objetos se carguen (se electricen), que los aparatos eléctricos funcionen, que existan imanes que solo lo sean si circula por ellos corriente eléctrica (electroimanes), que los imanes generen corriente eléctrica…

A tu alrededor puedes observar numerosos aparatos que utilizas a diario y que necesitan la existencia de la electricidad y del magnetismo.

¿Qué sabemos?

- ¿Sabes qué quiere decir electrizar un objeto? ¿Has visto alguna vez un cuerpo electrizado?
- ¿Por dónde circula la corriente eléctrica en tu casa? ¿Para qué sirven los enchufes, las pilas y las baterías?
- ¿Conoces alguna aplicación de los imanes?
- ¿Sabes por qué se producen rayos cuando hay tormenta?

¿Qué aprenderemos?

– Cómo interaccionan las cargas eléctricas.
– Qué importancia tienen los electrones para el tipo de vida al que estamos habituados.
– Por qué es necesaria la corriente eléctrica, y cuál es la utilidad de pilas, enchufes y cables para que funcionen los aparatos eléctricos.
– Cuál es la utilidad de los imanes y cómo se fabrican.
– Qué estrecha relación existe entre la electricidad y el magnetismo.

1 Fenómenos eléctricos

Si después de frotar un globo con un jersey de lana lo acercamos a nuestro pelo, veremos que es capaz de atraerlo y ponerlo de punta [fig. 1].

De la misma manera, es capaz de atraer papelitos o de desviar el chorro del agua del grifo.

Se trata de **fenómenos electrostáticos** y ocurren porque el globo está cargado eléctricamente.

Pero, ¿por qué al frotar determinados materiales, estos se cargan eléctricamente?

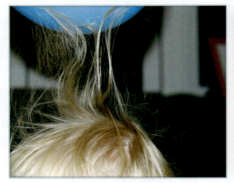

Fig. 1 Los cuerpos electrizados son capaces de atraer el pelo, pequeños trozos de papel…

1.1. Dos tipos de cargas

Si frotamos dos varillas de vidrio con una tela y las acercamos, veremos que se **repelen**, ya que entre ambas aparece una fuerza de repulsión [fig. 2a].

Sin embargo, si frotamos una varilla de plástico y una varilla de vidrio y luego las acercamos, veremos que se **atraen**, ya que entre ambas se produce una fuerza de atracción [fig. 2b].

De estas observaciones deducimos que existen dos tipos de objetos cargados y, por extensión, dos tipos de cargas eléctricas: **positivas** y **negativas**.

Las varillas de vidrio se repelen porque tienen el mismo tipo de carga, mientras que la varilla de vidrio y la de plástico se atraen porque tienen diferente tipo de carga.

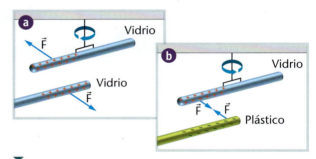

Fig. 2 a) Las varillas de vidrio se repelen. b) La varilla de vidrio y la de plástico se atraen.

@ Amplía en la Red…

Trabaja con una simulación de fuerzas entre cargas en:
www.tiching.com/745518

▸ Fuerzas entre cargas y entre masas

Las fuerzas entre cargas eléctricas y las fuerzas entre masas presentan semejanzas y diferencias.

- Se *asemejan* en que:
  - Son directamente proporcionales a las cargas/masas.
  - Son inversamente proporcionales al cuadrado de la distancia que las separa. Esto es, al alejar entre sí las cargas o las masas, la fuerza entre ellas disminuye.

- Se *diferencian* en que:
  - Las cargas se pueden atraer o repeler (las cargas del mismo signo se repelen y las de signos opuestos se atraen), mientras que las masas siempre se atraen.
  - Las fuerzas que existen entre cargas eléctricas son mucho mayores que las existentes entre masas.

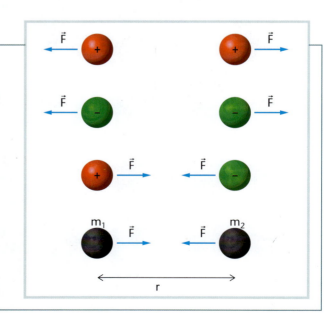

1.2. La materia y las cargas

Todos los objetos que nos rodean, los árboles, el agua, el aire… están compuestos por materia que, a su vez, está formada por **átomos**.

Cargas eléctricas en los átomos

Los átomos están formados por **protones**, **neutrones** y **electrones**. Los protones tienen carga positiva, los electrones negativa y los neutrones no tienen carga.

Los protones y los neutrones se hallan en el centro del átomo y forman el **núcleo**, mientras que los electrones se mueven en la **corteza**. Los electrones más externos pueden llegar a moverse entre distintos átomos.

La mayoría de los átomos son **neutros** porque su número de electrones es igual al de protones. En los que esto no sucede, se ha producido un **ion**.

Un grano de sal contiene billones de átomos.

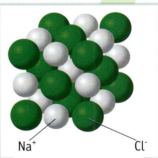

La sal está formada por iones sodio e iones cloro.

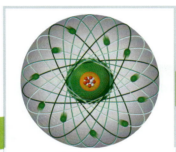

El núcleo de sodio tiene 11 protones y 12 neutrones.

Un átomo de sodio tiene 11 electrones en su exterior.

Unidad de carga eléctrica

El valor de la carga de un protón es igual al de la carga de un electrón, aunque de signo opuesto. Este valor, simbolizado con la letra e, es muy pequeño.

Como no resulta práctico utilizar e como unidad, la unidad de carga del sistema internacional es el **culombio** (C):

$$1 \text{ C} = 6{,}25 \cdot 10^{18} \text{ e}$$

El culombio

El **culombio** recibe este nombre por el físico francés Charles Coulomb (1736-1806).

Se trata de una unidad derivada en el SI, que se define en función de la intensidad de corriente.

Actividades

1. ¿Cuántos tipos de carga eléctrica existen?
2. Explica las semejanzas y las diferencias entre las fuerzas que ejercen entre sí las cargas y las masas.
3. Cita las partículas que se encuentran en el interior de los átomos. Indica cuáles de ellas tienen carga eléctrica y cuál es su signo.
4. Explica por qué el átomo es neutro.
5. Dos cargas del mismo signo, ¿se atraen o se repelen? ¿Y dos cargas de signos opuestos?
6. ¿En qué caso son mayores las fuerzas entre cargas, cuando están muy próximas entre sí o cuando están muy separadas?

Fuerzas eléctricas y magnéticas

2 Carga eléctrica y electricidad

2.1. La carga eléctrica en los objetos

Generalmente, los átomos son neutros porque tienen el mismo número de cargas positivas que negativas [fig. 1a]. Sin embargo, algunos electrones pueden moverse de unos átomos a otros, de modo que puede suceder:

- Que un átomo pierda uno o más electrones y se convierta en un ion positivo o **catión** [fig. 1b].
- Que un átomo gane uno o más electrones y se convierta en un ion negativo o **anión** [fig. 1c].

Al frotar una varilla de vidrio con un trozo de tela, algunos electrones pasan de la varilla a la tela; en cambio si la varilla es de plástico, pasan algunos electrones de la tela a la varilla [fig. 2].

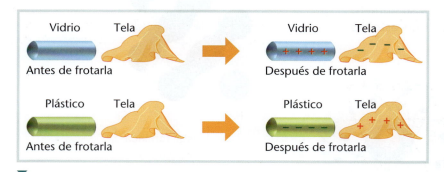

Fig. 2 Las varillas y las telas están cargadas porque se cargan al frotarlas.

Al final, cada objeto tiene una carga, positiva o negativa. Sin embargo, cada conjunto de tela-varilla es neutro porque la carga se desplaza pero ni se crea ni se destruye.

2.2. Aislantes y conductores

Las cargas con las que hemos trabajado hasta ahora se encuentran en materiales **aislantes** como la tela, el vidrio y el plástico. Estos materiales se caracterizan porque las cargas que adquieren no pueden desplazarse por su interior, de manera que permanecen donde se producen.

Los materiales **conductores**, como los metales, se caracterizan porque los electrones se pueden mover por su interior. Las cargas se distribuyen lo más alejadas posible las unas de las otras.

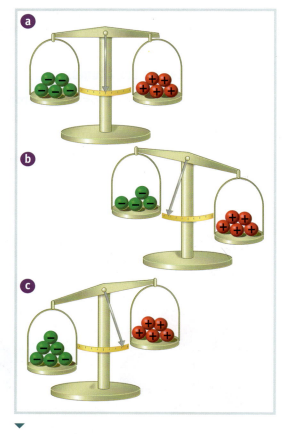

Fig. 1 Según pierdan o ganen electrones, los átomos estarán cargados positiva o negativamente.

@ **Amplía en la Red...**

Observa diversos experimentos de electricidad estática en: www.tiching.com/745519

Actividades

1. Cuando frotamos una varilla de vidrio con un trozo de tela ¿qué queda cargado, el vidrio o la tela? ¿Qué signo tiene la carga?
   ¿Y si la varilla fuera de plástico?

2. Di si los materiales siguientes son conductores o aislantes:
   a. Madera   c. Corcho   e. Oro   g. Vidrio
   b. Plata   d. Plástico f. Cobre   h. Papel

2.3. Corriente eléctrica

Los electrones se mueven al azar en los materiales conductores, alejándose los unos de los otros todo lo que les es posible. Al ordenar este movimiento se obtiene *corriente eléctrica* fig.3:

> Llamamos **corriente eléctrica** al movimiento ordenado de electrones a lo largo de un cable conductor.

Pero, ¿cómo se consigue este movimiento?

Generadores de corriente

Sabemos que un teléfono sin batería o un reloj sin pilas no funcionan. Para obtener corriente eléctrica es indispensable disponer de un **generador** de corriente, como las baterías o las pilas.

Los generadores proporcionan a los electrones la energía necesaria para que recorran el circuito completo.

Sentido de la corriente

Ahora sabemos que la corriente eléctrica es debida al movimiento de las cargas negativas (los electrones). No obstante, antes de conocer la estructura de la materia, se tomaba por convenio que la corriente era el movimiento de cargas positivas.

Este convenio se sigue utilizando y por él se establece que la corriente va del polo positivo de la pila al polo negativo fig. 4.

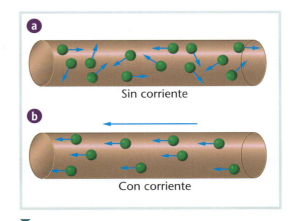

Fig. 3 a) Movimiento de algunos electrones del cobre sin crear corriente. b) Movimiento ordenado de los electrones que crean corriente eléctrica.

Fig. 4 El movimiento de los electrones es del polo negativo al polo positivo de la pila. La corriente eléctrica, del positivo al negativo.

2.4. La corriente eléctrica en los hogares

La electricidad llega a nuestros hogares en forma de corriente eléctrica. Allí se utiliza en diversos aparatos como la televisión, el ordenador, la lavadora, las lámparas...

La electricidad llega a cada aparato, bombilla, motor, pantalla... gracias a cables eléctricos aislados del medio. Estos cables tienen en su interior hilos de cobre (conductores) y están recubiertos de plástico (aislante) fig. 5.

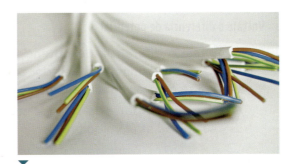

Fig. 5 Cables eléctricos de cobre recubiertos de plástico.

Actividades

3. Define qué es la corriente eléctrica y pon ejemplos de su uso.

4. Estudia la electricidad de un hogar: ¿qué aparatos eléctricos observas conectados a la corriente?

5. Además de la electricidad que llega del exterior por cables eléctricos hasta los enchufes, ¿hay otras formas de obtenerla? Un reloj, por ejemplo, ¿cómo la obtiene?

3 Circuitos eléctricos

La electricidad llega a cada aparato, bombilla, motor, pantalla... gracias a la existencia de **circuitos eléctricos**.

Uno de los circuitos eléctricos más sencillos que puedes hacer es el de una linterna [fig. 1]. Este circuito puedes montarlo con una pila, una bombilla, cables eléctricos y un interruptor.

Para representar esquemáticamente un circuito se utilizan los símbolos de la [tabla 1].

Tabla 1

Elemento	Símbolo
conductor	───────
bombilla	─⊗─
pila	─┤├─
resistor	─▭─
resistor variable	─▨─
interruptor	─/─
amperímetro	─Ⓐ─
voltímetro	─Ⓥ─
generador	─Ⓖ─
motor	─Ⓜ─

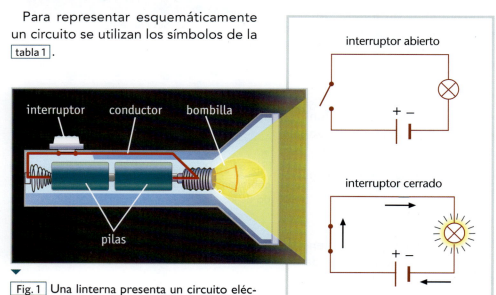

Fig. 1 Una linterna presenta un circuito eléctrico muy sencillo.

▸ Magnitudes en los circuitos eléctricos

Las magnitudes que hacen variar las características de los circuitos eléctricos son las siguientes: *diferencia de potencial, intensidad de corriente* y *resistencia*.

Voltaje o diferencia de potencial

El **voltaje** o **diferencia de potencial** (*V*) es el impulso que transmite el generador a las cargas para que se muevan continuamente.

La diferencia de potencial se mide con *voltímetros* y su unidad es el **voltio** (V).

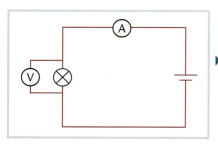

▸ Para medir el voltaje se utilizan los voltímetros, y para medir la intensidad, los amperímetros.

Intensidad de corriente

La **intensidad de corriente** (*I*) es la cantidad de carga que circula cada segundo por un cable conductor.

Los instrumentos con que se mide se llaman *amperímetros* y su unidad es el **amperio** (A). También se usa el *miliamperio* (mA) para intensidades pequeñas.

Resistencia

La **resistencia** (*R*) de un circuito la podemos comparar con la fuerza de rozamiento en el movimiento de los electrones.

Es la oposición que ofrecen los cables y demás elementos del circuito, al paso de las cargas eléctricas.

La unidad en que se mide es el **ohmio** (Ω).

Mediante la *ley de Ohm* podemos conocer el valor de la resistencia de un circuito que tenga amperímetro y voltímetro.

160 Tema 9

3.1. Ley de Ohm

La ley de Ohm dice que el voltaje de un generador es directamente proporcional a la intensidad que circula por el circuito, y a la resistencia que este ofrece. Como la resistencia depende de cada tipo de circuito, un mismo voltaje produce distintas intensidades:

$$V = I \cdot R$$

- Cuanto mayor sea el voltaje, mayor será la intensidad que circula:

$$V = I \cdot R$$

- Cuanto mayor es la resistencia, menor es la intensidad que circula:

$$V = I \cdot R$$

@ Amplía en la Red...

Practica cómo se cumple la ley de Ohm en los circuitos en:
www.tiching.com/115448

Ejemplos

1. La intensidad que circula por un circuito es de 0,2 A y su resistencia es de 20 Ω. Calcula el voltaje de la pila a la que está conectado dicho circuito.

   Aplicamos la ley de Ohm:

   $V = I \cdot R = 0{,}2 \text{ A} \cdot 20 \text{ }\Omega = 4 \text{ V}$

2. Dado el circuito de la figura, calcula la intensidad que circula por él.

   Aplicamos la ley de Ohm:

   $V = I \cdot R \Rightarrow I = \dfrac{V}{R} = \dfrac{25 \text{ V}}{10 \text{ }\Omega} = 2{,}5 \text{ A}$

Naturaleza de los rayos

Los rayos son corrientes eléctricas que se producen entre cierto tipo de nubes, llamadas cumulonimbos, y el suelo, o entre las propias nubes. Tienen tanta intensidad que calientan el aire a elevadísimas temperaturas, lo que produce la luz del relámpago y el sonido del trueno.

Los rayos tienen su origen en la separación de cargas positivas y negativas que se produce en las nubes, separación debida a fuertes corrientes de aire formadas en el interior de las nubes.

Estos movimientos del aire crean, por frotamiento, cargas positivas en la parte superior y negativas en la inferior.

En la parte del suelo situada debajo de cada nube se crean cargas positivas. Esta diferencia de cargas genera la corriente que es el rayo.

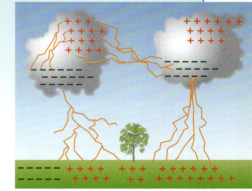

Actividades

1. Cita los elementos que pueden formar parte de un circuito. Indica cuáles de ellos son imprescindibles.

2. Representa con símbolos el circuito de un ventilador y explica qué es cada elemento representado.

3. ¿Por qué crees que la linterna solo da luz con el interruptor cerrado?

4. Dibuja un circuito que tenga una pila, una bombilla y un motor. ¿Qué otros elementos faltan?

5. ¿Basta con saber la cantidad de carga que pasa por un circuito para conocer la intensidad de la corriente?

6. Las pilas tienen diferentes formas y tamaños pero, ¿tienen todas el mismo voltaje?

7. Calcula el voltaje de la pila de un circuito con una resistencia de 2 Ω si circula una corriente de 4 A.

8. En un circuito eléctrico están conectados un amperímetro, que indica 2 mA, y un voltímetro, que indica 50 V. Calcula el valor de la resistencia del circuito.

9. ¿Qué marcará el amperímetro del circuito anterior si aumentamos la diferencia de potencial a 75 V?

Fuerzas eléctricas y magnéticas

4 Circuitos eléctricos en serie y en paralelo

La mayoría de circuitos eléctricos en nuestras viviendas, en las poblaciones, en la industria… constan de muchos elementos.

Vamos a considerar el caso simplificado de circuitos con dos bombillas. La conexión entre ellas puede ser de dos tipos: *en serie* y *en paralelo*.

▶ Conexión en serie

En una **conexión en serie**, los elementos del circuito eléctrico están uno a continuación del otro.

Se cumplen las siguientes propiedades:

- La intensidad, I, que circula por ellos es la misma.
- El voltaje total, V_T, es igual a la suma de los voltajes de los elementos:

$$V_T = V_1 + V_2$$

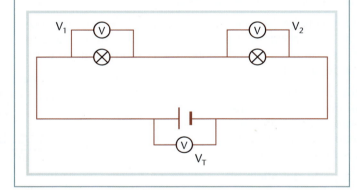

▶ Conexión en paralelo

En una **conexión en paralelo**, los elementos del circuito eléctrico están situados de forma que tienen los extremos comunes.

Las características de estas conexiones son:

- El voltaje, V, es el mismo en todos ellos.
- La intensidad total, I_T, es la suma de las intensidades que van por cada elemento:

$$I_T = I_1 + I_2$$

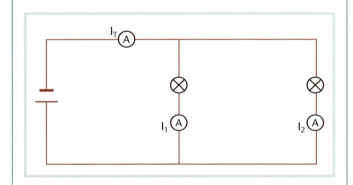

Mediciones en un circuito

Para conocer la intensidad que circula por un circuito debemos conectar un amperímetro en serie (a).

Para conocer la diferencia de potencial entre dos puntos del circuito, debemos conectar un voltímetro en paralelo (b).

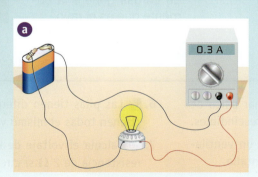

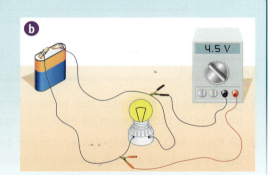

Si conocemos el voltaje y la intensidad de un circuito, podemos hallar su resistencia total mediante la ley de Ohm.

Por ejemplo, la resistencia del circuito de la derecha es:

$$V = I \cdot R \Rightarrow R = \frac{V}{I} = \frac{4{,}5 \text{ V}}{0{,}3 \text{ A}} = 15 \, \Omega$$

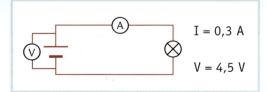

$I = 0{,}3$ A
$V = 4{,}5$ V

162 Tema 9

APARATOS ELÉCTRICOS Y APARATOS ELECTRÓNICOS

Aparatos eléctricos

Los **aparatos eléctricos**, que facilitan muchas de nuestras tareas cotidianas, utilizan la corriente eléctrica para producir movimiento, luz, sonido, calor…

Electricidad → Calor

Electricidad → Sonido

Electricidad → Movimiento

Electricidad → Luz

▶ Cada aparato eléctrico tiene anotados unos símbolos y unos números que necesitamos conocer para hacerlos funcionar correctamente: voltaje, intensidad, modelo…

@ Amplía en la Red…

Observa cómo funciona un secador de pelo en: www.tiching.com/745520

Aparatos electrónicos

Los **aparatos electrónicos** difieren de los eléctricos en que incluyen una serie de componentes electrónicos (transistores, procesadores, etc.) organizados en circuitos, cuya finalidad es controlar y aprovechar las señales eléctricas.

Estos componentes tienen un tamaño muy reducido, y regularmente se descubren nuevos materiales con los que dichos componentes se pueden fabricar cada vez más pequeños.

Ejemplo de estos aparatos son los teléfonos móviles, las tabletas, los ordenadores, los reproductores de música, los localizadores…

Fuerzas eléctricas y magnéticas 163

5 Magnetismo e imanes

5.1. Magnetismo

Desde la Antigua Grecia se conoce el mineral llamado *magnetita* y su propiedad de atraer algunos metales, especialmente el hierro (también son atraídos el cobalto, el níquel y las aleaciones de estos) [fig. 1].

> El **magnetismo** es la propiedad de la materia por la que ciertas sustancias son capaces de atraer algunos metales.

Las fuerzas magnéticas son fuerzas a distancia.

Fig. 1 La magnetita es un mineral con propiedades magnéticas.

5.2. Imanes

> Llamamos **imán** a una pieza formada por magnetita u otro material de propiedades magnéticas.

Existen dos tipos de imanes:

- **Imanes naturales.** Están fabricados con magnetita.
- **Imanes artificiales.** Están fabricados con materiales que han sido imantados artificialmente [fig. 2].

5.3. Imantación

Si un objeto de hierro o acero entra en contacto o se frota con un imán, no solo se ve atraído por este imán sino que se convierte, a su vez, en un nuevo imán.

> Llamamos **imantación** al proceso por el cual un material no magnético adquiere propiedades magnéticas, esto es, pasa a ser un imán artificial.

Fig. 2 a) La banda magnética de las tarjetas de crédito contiene muchos pequeños trozos de hierro imantados que almacenan la información de la tarjeta. b) Soporte magnético para teléfonos móviles.

Las propiedades magnéticas adquiridas artificialmente pueden durar para siempre o desaparecer en poco tiempo, por lo que distinguimos entre:

- **Imanes permanentes.** Son los que mantienen el magnetismo adquirido. Un ejemplo de este tipo son los imanes fabricados con acero [fig. 3].
- **Imanes temporales.** Son los que pierden enseguida el magnetismo, como el hierro, que se magnetiza temporalmente [fig. 4].

Fig. 3 Imanes permanentes usados en los hogares.

Fig. 4 Imantación de un destornillador frotando el extremo de acero con un imán.

164 Tema 9

5.4. Características de los imanes

Los imanes se caracterizan por:

- Tener lo que se denomina **polo norte** y **polo sur**, que es donde las propiedades magnéticas son más acusadas. Estos polos atraen por igual elementos como limaduras de hierro, clips o tornillos fig. 5.

- Ejercer fuerzas de atracción y repulsión entre imanes, denominadas **fuerzas magnéticas** fig. 6:
  - Si acercamos los polos del mismo nombre, los imanes se repelerán. Se produce una fuerza de repulsión.
  - Si acercamos polos de distinto nombre, los imanes se atraerán. Se produce una fuerza de atracción.

- Si dividimos un imán por la mitad, no obtendremos los dos polos por separado, sino que obtendremos dos imanes, cada uno de ellos con sus polos norte y sur fig. 7.

Fig. 5 Los objetos de hierro se sitúan en los polos del imán.

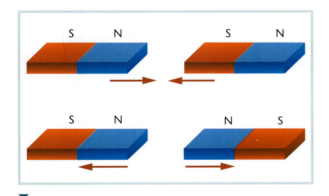

Fig. 6 Los polos del mismo nombre de un imán se repelen, y los de distinto nombre se atraen.

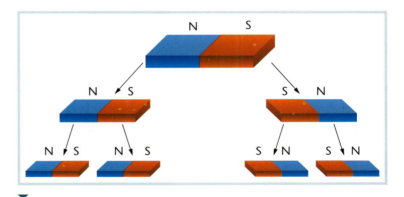

Fig. 7 Por mucho que dividamos un imán, no obtendremos sus polos por separado, sino que obtendremos más imanes con dos polos.

Campo magnético

La influencia de las fuerzas magnéticas que un imán provoca a su alrededor, crean lo que se denomina **campo magnético**.

Este campo magnético se puede representar mediante las llamadas **líneas de campo magnético**, que salen del polo norte del imán y entran por el polo sur.

Si sobre un imán rectangular ponemos una hoja de papel y espolvoreamos limaduras de hierro, veremos que estas se distribuyen siguiendo estas líneas.

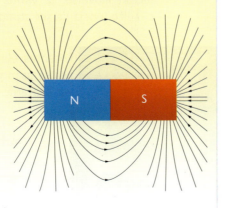

Actividades

1. Explica de dónde viene el nombre de *magnetismo*.

2. Cita los diferentes tipos de imanes que existen y explica las características de cada uno de ellos.

3. Cita algunos materiales magnéticos.

4. ¿Qué polos tiene un imán?

5. Explica cómo podemos imantar una aguja de acero.

6. Explica cómo podemos separar limaduras de hierro mezcladas con arena. ¿Y pequeños trozos de hierro mezclados con otros de cobre?

Fuerzas eléctricas y magnéticas 165

6. Relación entre electricidad y magnetismo

6.1. La corriente eléctrica crea campo magnético

El científico danés H. C. Oersted (1777-1851) descubrió que, al pasar la corriente eléctrica por un cable conductor, se crea un campo magnético a su alrededor.

Si se trata de un cable rectilíneo por el que circula corriente, las líneas del campo magnético tienen forma de circunferencias con centro en el cable.

También se crea campo magnético si se trata de un cable en forma de circunferencia por el que circula corriente. Aún es más intenso el campo creado si se trata de un cable enrollado que forma varias corrientes circulares. Llamamos **bobina** o **solenoide** a este conjunto.

FORMACIÓN DE CAMPO MAGNÉTICO

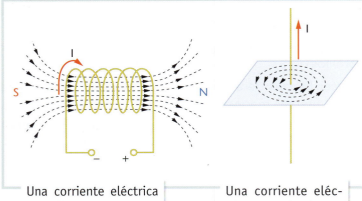

Una corriente eléctrica que circula por un cable enrollado o bobina.

Una corriente eléctrica que circula por un cable rectilíneo.

Electroimanes

Llamamos **electroimán** al sistema formado por una bobina en cuyo interior hay una barra de hierro [fig. 1].

El valor del campo magnético que crea la bobina aumenta porque esta barra de hierro se imanta y concentra dicho campo.

Al pasar la corriente por este sistema eléctrico observamos que, en sus extremos, puede atraer determinados objetos metálicos, comportándose como un imán.

El interruptor cierra o abre el circuito, de forma que el campo magnético aparece al cerrarse y desaparece al abrirse.

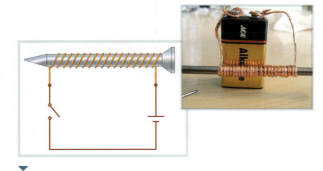

Fig. 1 El electroimán se comporta como un imán que atrae ciertos objetos metálicos por sus extremos.

▶ Aplicaciones de los electroimanes

Los trenes de levitación magnética alcanzan grandes velocidades porque se mueven sin rozamiento debido a que no van sobre ruedas, sino flotando repelidos por potentes electroimanes situados en la vía.

Al pulsar el interruptor de un timbre, pasa la corriente y el electroimán atrae la varilla que golpea la campana y esta suena. Al moverse, la varilla desconecta el circuito y deja de ser atraída.

Potentes electroimanes se usan para mover chatarra.

@ Amplía en la Red...

Trabaja con una aplicación interactiva sobre imanes y electroimanes en:
www.tiching.com/745521

6.2. ¿Crea corriente eléctrica el campo magnético?

La relación entre electricidad y magnetismo es completa, porque la electricidad crea campos magnéticos, pero los campos magnéticos crean corrientes eléctricas fig. 2.

Para que se genere corriente eléctrica el campo magnético ha de ser variable. Este hecho fue descubierto por el científico inglés M. Faraday (1791-1867).

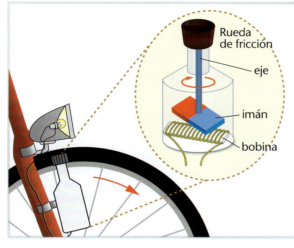

Fig. 2 El alternador que llevan algunas bicicletas hace que la bombilla se encienda con el giro de la rueda de la bicicleta. Esta, al girar, hace rotar la rueda de fricción de un dispositivo que tiene en su interior una bobina y un imán, y produce corriente eléctrica.

Campo magnético terrestre

La Tierra es un imán gigante y cada vez que alguien usa una brújula lo está comprobando.

Los polos de este imán gigante están situados al revés que los polos geográficos de nuestro planeta.

El campo magnético de nuestro planeta se explica por la existencia de corrientes eléctricas en su interior, donde se encuentra el magma, que es líquido y se mueve.

La brújula, que consta básicamente de una aguja imantada, se orienta marcando el Norte geográfico porque, por repulsión con el imán terrestre, sus polos se sitúan como los geográficos.

@ Amplía en la Red...

Trabaja con una aplicación interactiva sobre la brújula y el campo magnético terrestre en:
www.tiching.com/745522

La Tierra es un imán gigante, como lo demuestra la brújula.

Actividades

1. Explica a qué llamamos *electroimán* y cómo podrías construir uno fácilmente.

2. ¿Por qué los electroimanes llevan en su interior una barra de hierro?
   Describe lo que pasaría si esa barra fuera de acero.

3. Expica por qué decimos que la Tierra es un gran imán.

4. Explica el funcionamiento de la brújula.

5. Describe dos formas de producir corriente eléctrica sin generador.

Fuerzas eléctricas y magnéticas 167

7 Electricidad y magnetismo

LABORATORIO

La electricidad y el magnetismo están relacionados, tal como demostraron Oersted y Faraday con sus experimentos. A continuación vamos a comprobar esta relación.

A. DETECTAR EL CAMPO MAGNÉTICO TERRESTRE

La brújula es un sencillo instrumento que ha tenido importantes aplicaciones en la orientación geográfica de las personas, principalmente los navegantes.

Orientación con una brújula

a) Con la brújula o con la aplicación del móvil, desplázate por el aula y anota en qué dirección apunta la brújula.

b) Gira la brújula o el móvil y observa lo que ocurre.

Preguntas

1. ¿Teniendo en cuenta la existencia de los *smartphones* y el *GPS*, siguen teniendo la misma importancia las agujas magnetizadas en la actualidad?
2. Busca información sobre cómo funcionan las brújulas de los móviles.

Material
- Brújula o aplicación móvil que emule una brújula

B. ESTUDIAR LA EXPERIENCIA DE OERSTED

Construcción de un motor eléctrico

1. Realiza un montaje similar al que se muestra en la figura, formado por una pila y un generador (compuesto por un imán y una espira situada entre los polos del imán). Inicialmente, mantén la pila desconectada.
2. Conecta la pila y observa qué sucede. Anota en el cuaderno tus observaciones.
3. Intercambia ahora los cables en los polos de la pila. Anota cómo gira ahora la espira.

Material
- Generador (espira e imán)
- Cables conectores
- Pinzas
- Pila

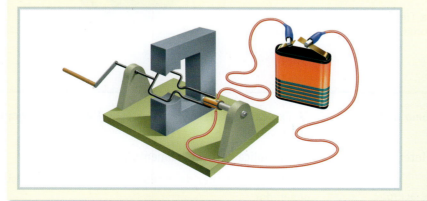

Preguntas

1. ¿Qué ha ocurrido cuando has conectado los cables a la pila? ¿En qué sentido giraba la espira?
2. ¿Qué ha ocurrido cuando has intercambiado los polos de la pila?
3. ¿Afecta el sentido de la corriente eléctrica al giro de la espira?

168 Tema 9

LABORATORIO

C. ESTUDIAR LA EXPERIENCIA DE FARADAY

Construcción de un generador de corriente eléctrica

1. Modifica el montaje anterior sustituyendo la pila por una bombilla, tal como se muestra en la figura.
2. Seguidamente, haz girar la manivela conectada a la espira. Anota en el cuaderno lo que observes.
3. Aumenta y disminuye la velocidad con la que gira la espira y observa si se produce algún cambio en la bombilla.

Material
- Generador (espira e imán)
- Cables conectores
- Pinzas
- Led o bombilla

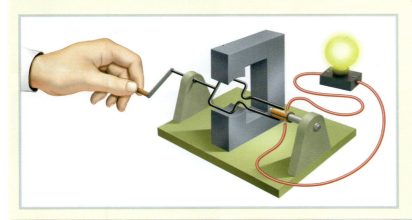

Preguntas
1. ¿Qué ha ocurrido cuando has empezado a hacer girar la manivela?
2. ¿Qué sucedía cuando aumentabas la velocidad de giro? ¿Y cuando la disminuías?

Simulación TIC @

1. Construye circuitos eléctricos sencillos mediante la siguiente aplicación virtual interactiva:

   www.tiching.com/745523

   a. Construye un circuito con tres bombillas en serie, una pila, un amperímetro y un interruptor. Cierra el interruptor para que se enciendan las bombillas. A continuación, mide y anota:
      - El voltaje de la pila y de cada bombilla.
      - La intensidad en diferentes puntos del circuito.
   b. Repite la experiencia con las bombillas conectadas en paralelo.
   c. Construye un circuito con una bombilla, una pila y un amperímetro. Anota el valor de la intensidad. A continuación, añade otra pila y vuelve a anotar el valor de la intensidad.
   d. Redacta un informe sobre las características de los circuitos eléctricos en serie y en paralelo, y explica si se cumple lo estudiado.

   Posteriormente, completa el informe con las conclusiones a las que llegas tras realizar la experiencia descrita en el apartado c.

2. Rellena en tu cuaderno los huecos de una tabla como la de abajo utilizando la siguiente simulación interactiva. Fíjate bien en las unidades:

   www.tiching.com/746718

   a. Comprueba, en la última columna, si se cumple la ley de Ohm.
   b. Seguidamente, toma un valor para la resistencia de 500 Ω y, variando el voltaje, anota 5 parejas de valores V-I.
   c. Representa estos pares de valores V-I en una gráfica, une los 5 puntos y explica razonadamente el resultado. Calcula el valor de la pendiente y coméntalo.

Voltaje (V)	Intensidad (A)	Resistencia (Ω)	¿V = I · R?
1,5	▬	300	▬
3	0,0086	▬	▬
▬	0,009	500	▬
6	▬	600	▬
7,5	0,0188	▬	▬

Fuerzas eléctricas y magnéticas

Taller de ciencia • Taller de ciencia • Taller d

1 Observa y describe. Electrización

Describe cada una de las escenas siguientes:

2 Razona. La electricidad

Escribe en tu cuaderno de forma correcta las siguientes frases, añadiendo la explicación necesaria:

- Todos los cuerpos están cargados porque tienen muchos electrones.
- El valor de las fuerzas entre dos cargas solo depende del valor de dichas cargas.
- Las cargas se atraen entre sí como las masas.
- Los metales son conductores de la corriente eléctrica, pero el plástico y la madera son aislantes.
- Un circuito básico está formado por bombillas, cables y un interruptor.
- La intensidad de corriente mide la cantidad de carga que pasa por un cable de cobre.
- La ley de Ohm establece que el voltaje y la intensidad son inversamente proporcionales: cuando la intensidad aumenta, el voltaje disminuye.
- Todos los imanes son artificiales porque los ha hecho el ser humano.
- Los polos norte de los imanes se atraen, mientras que los polos sur se repelen.
- La electricidad crea un campo magnético, pero no al revés.

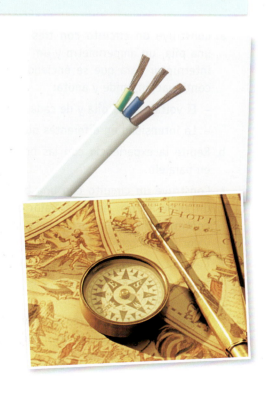

170 Tema 9

Taller de ciencia

3 Analiza un texto. Consejos de seguridad contra los rayos

Los rayos matan a unas 2000 personas al año en todo el mundo y cientos de personas son alcanzadas por un rayo pero sobreviven, normalmente con síntomas duraderos y debilitadores. Aquí tienes algunos consejos que puedes tener en cuenta para evitar las tormentas eléctricas o disminuir las posibilidades de ser alcanzado por un rayo.

Consejos de seguridad

- Si estás a la intemperie, busca refugio en un coche o en un edificio cuando comiencen los rayos o los truenos.
- Si estás en casa, evita tomar baños, ducharte o lavar los platos. También debes evitar utilizar los teléfonos con línea de tierra, la televisión y otros aparatos que sean conductores de electricidad.
- Mantente en el interior durante 30 minutos después de haber visto el último rayo o trueno. Hay personas que han sido alcanzadas por rayos procedentes de tormentas con su centro a 16 kilómetros de distancia.
- Si te encuentras en el exterior, lejos de un edificio o de un coche, debes estar alejado de las masas de agua y de los objetos altos como los árboles. Encuentra un lugar bajo o una depresión del terreno pero no te tumbes en el suelo. Los rayos pueden moverse a lo largo de la superficie y muchas de las víctimas no son alcanzadas por los rayos sino por esta corriente.

National Geographic

A partir del texto:

- Haz un resumen de cuatro líneas.
- ¿Por qué debemos tomar muchas precauciones?
- Describe qué harías si te sorprende una tormenta estando de excursión a la que has ido en coche.
- Explica si debes tomar precauciones en caso de estar en tu casa cuando hay tormenta.

@ Amplía en la Red...

Encuentra más medidas de protección en:
www.tiching.com/745136

4 Busca en la red. Generador de Van de Graaff

Observa el siguiente vídeo sobre el llamado generador de Van de Graaff y contesta las preguntas siguientes:

www.tiching.com/745634

- ¿Qué se explica sobre el generador y las descargas (chispas) que produce?
- ¿De qué signo es la carga que va almacenando la bola metálica que sujeta el palo?
- ¿Qué ocurre con los recipientes metálicos colocados sobre el generador?
- ¿Cómo se comprueba que un objeto metálico cargado acumula su carga en su exterior?
- ¿Qué ocurre al cargar el cilindro de tela metálica con el generador?
- ¿Qué ocurre con la señal de radio cuando el aparato de radio está dentro de la rejilla metálica?

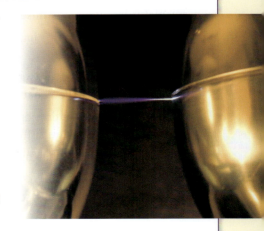

Fuerzas eléctricas y magnéticas 171

Taller de ciencia • Taller de ciencia • Taller d

5 Explora. Resistencia

La resistencia, R, de un material conductor depende de su longitud, L, su sección, S, y su resistividad, ρ, que es característica del material con que está hecho:

$$R = \rho \cdot \frac{L}{S}$$

Visualiza la siguiente simulación y contesta:

www.tiching.com/745524

a) ¿Cómo varía en cada caso la resistencia de un cable al aumentar los valores de la resistividad, la longitud y la sección?

b) ¿Qué representa la figura del cable al disminuir la resistividad? ¿Qué pretende describir?

6 Relaciona. Elementos de un circuito

Asocia en tu cuaderno cada elemento de un circuito con el símbolo que lo representa:

a) Cable conductor   1) —/ o—
b) Bombilla   2) —| |—
c) Interruptor   3) —(A)—
d) Pila   4) ———
e) Motor   5) —(V)—
f) Amperímetro   6) —(M)—
g) Voltímetro   7) —⊗—

7 Razona. Circuitos eléctricos

Responde a las siguientes preguntas sobre los circuitos de la figura:

a) En cuáles de ellos se enciende la bombilla y en cuáles no.

b) Indica qué elemento crees que hace falta en los circuitos eléctricos en los que no se enciende la bombilla.

c) Si todas las pilas y todas las bombillas son idénticas, justifica en qué circuitos crees que se obtendrá más luz.

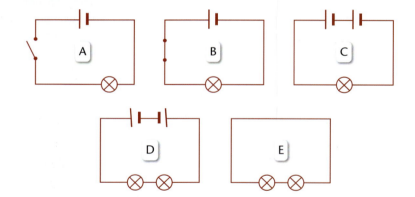

8 Completa. Electricidad y magnetismo

Usa estas palabras (todas las veces que necesites) para completar las siguientes frases en tu cuaderno:

cargas   magnético   imanes   repelen   eléctrica
opuesto   neutros   atraen   directamente

a) Los átomos son ▭ porque tienen el mismo número de ▭ positivas que de negativas.

b) Frotando una varilla de vidrio con un trozo de tela la cargamos con signo ▭ a si frotamos una varilla de plástico.

c) Las ▭ de signos opuestos se ▭ y las del mismo signo se ▭.

d) Las fuerzas entre cargas son ▭ proporcionales al valor de dichas cargas.

e) Los aparatos eléctricos funcionan con corriente ▭.

f) Los circuitos eléctricos deben estar cerrados para que pueda circular la corriente ▭.

g) La intensidad es la cantidad de carga ▭ que circula por un conductor cada segundo.

h) La ley de Ohm establece que el voltaje es ▭ proporcional a la intensidad.

i) El campo ▭ de los ▭ se visualiza con limaduras de hierro.

j) Entre dos ▭, los polos del mismo nombre se ▭ y los de nombre distinto se ▭.

k) La corriente eléctrica crea un campo ▭ y al revés.

Síntesis. Fuerzas eléctricas y magnéticas

Electricidad

- Existen dos tipos de **cargas eléctricas**: **positivas** y **negativas**. Las cargas iguales se **repelen** y las diferentes se **atraen**.
- En los átomos hay **electrones** con carga negativa, **protones** con carga positiva y neutrones, que no tienen carga. Los átomos son **neutros** porque tienen el mismo número de electrones que de protones.
- Llamamos **electrización** al efecto por el cual un objeto se carga. Para ello algunos de sus átomos deben perder o ganar electrones.
- Los materiales son **conductores** o **aislantes** según si permiten que las cargas se muevan libremente por ellos o no.
- Llamamos **electricidad** o **corriente eléctrica** al movimiento ordenado de electrones a lo largo de un cable conductor.
- La ley de Ohm establece que el **voltaje** de un generador es directamente proporcional a la **intensidad** que circula por un circuito eléctrico y a la **resistencia** que ofrece ese circuito: $V = I \cdot R$.

Magnetismo

- El **magnetismo** es la propiedad de la materia por la que ciertas sustancias son capaces de atraer algunos metales. Dichas sustancias se llaman **imanes**.
- Los **polos** opuestos de los imanes se atraen y los polos iguales se repelen.
- La corriente eléctrica crea un **campo magnético** y el campo magnético con movimiento crea corriente eléctrica.
- Una **brújula** es un imán que se alinea con el campo magnético terrestre.

1 CONSOLIDA LO APRENDIDO

a) ¿Qué tipos de cargas existen? ¿Cómo se comportan?

b) ¿Qué partículas forman los átomos? ¿Qué carga tienen? ¿Qué significa que los átomos son neutros?

c) ¿Cómo son las fuerzas entre cargas?

d) ¿Cómo se cargan los objetos?

e) ¿Qué distingue a los materiales aislantes de los materiales conductores?

f) ¿Qué ocurre cuando cae un rayo?

g) ¿Qué es un circuito eléctrico? ¿De qué elementos consta? ¿Qué magnitudes intervienen en él?

h) ¿En qué se diferencian las conexiones en serie y en paralelo?

i) ¿Qué entendemos por magnetismo? ¿Qué es un imán? ¿Qué características tiene?

j) ¿Qué relación existe entre la electricidad y el magnetismo? ¿Qué es un electroimán?

k) ¿Cómo funcionan las brújulas?

2 DEFINE CONCEPTOS CLAVE

- Carga eléctrica
- Voltaje
- Magnetismo
- Electrón
- Intensidad
- Imán
- Corriente
- Resistencia
- Polo

RESPONDE A LA PREGUNTA INICIAL

Después de haber estudiado este tema, puedes responder a la pregunta inicial:

 ¿Tienen alguna relación una linterna y un imán?

Redacta un texto de entre 10 y 20 líneas que resuma las conclusiones a las que hayas llegado.

AFIANZA LO APRENDIDO

Para consolidar los conocimientos adquiridos, puedes efectuar las actividades propuestas en:

 www.tiching.com/744958

Están preparadas en un documento en formato pdf que puedes descargarte. Al final, hallarás las soluciones.

Energía y trabajo

¿Qué necesitamos para obtener energía?

Las luces nocturnas de cualquier gran ciudad nos hacen ver la enorme cantidad de energía que utiliza el ser humano.

La energía mueve el Universo y participa en todos los procesos que ocurren en el planeta.

Para producir energía se necesitan reacciones químicas (por ejemplo, combustiones) o bien fuerzas que realicen trabajo. En este segundo caso, las máquinas son las encargadas de ello.

Existen tipos muy diferentes de máquinas. Entre ellos encontramos las máquinas simples, como la rueda o la palanca, y las compuestas, como el motor o la máquina de coser.

Históricamente, la aparición y perfeccionamiento de las máquinas ha supuesto el desarrollo de las civilizaciones.

¿Qué sabemos?

Existen muchas formas de energía. Los automóviles necesitan energía para moverse, las grúas la necesitan para levantar pesos, y utilizamos pilas para proporcionar energía a aparatos electrónicos pequeños.

- ¿Qué formas de energía conoces?
- Piensa en algún aparato que uses a menudo. ¿Qué tipo de energía requiere para funcionar? ¿En qué invierte esa energía?

¿Qué aprenderemos?

- Cuáles son las principales formas de energía.
- Cómo se transmite la energía en forma de trabajo.
- Qué son las máquinas y qué tipos hay.
- Cómo se transforma el trabajo en energía.
- Qué son la luz y el sonido.
- Qué características tienen la reflexión y la refracción de la luz.
- Qué diferencia el eco de la reverberación.

1 Formas de energía

1.1. La energía

Cuando levantamos una caja, cuando damos forma a un bloque de arcilla, cuando calentamos agua o cuando encendemos la luz, transmitimos y transformamos *energía*.

> La **energía**, *E*, es la capacidad de producir cambios en la materia.

1.2. Principales formas de energía

La energía se presenta bajo diferentes formas. Las principales son: **térmica**, **eléctrica**, **química**, **luminosa**, **sonora** y **mecánica**.

▸ Energía térmica

> La **energía térmica** es la energía que poseen los cuerpos por el hecho de estar a cierta temperatura. Se transfiere de un cuerpo a otro en forma de **calor**. El Sol y reacciones químicas como las combustiones la producen.

▸ Energía química

> La **energía química** es la que almacenan los compuestos químicos y que se pone de manifiesto en las reacciones químicas.
>
> Por ejemplo, en los motores, que queman gasolina para funcionar; en las pilas, que producen electricidad mediante reacciones químicas internas; o en los alimentos, que nos proporcionan energía.

INFORMACIÓN NUTRICIONAL:		
	Por ración (37,5 g)	Por 100 g
Valor energético	568 kJ/ 134 kcal	1818 kJ/ 358 kcal
Proteínas	4,3 g	11,5 g

▸ Energía luminosa

> La **energía luminosa** es la energía que transporta la luz.
>
> Llamamos *luz visible* a la luz que pueden detectar nuestros ojos. La cantidad de energía que transporta la luz depende de su color.
>
> La luz *infraroja* (IR) es aquella que transporta menos energía que la luz visible, y la luz *ultravioleta* (UV) es aquella que transporta más.

@ Amplía en la Red...

Aprende más sobre los diferentes tipos de energía en: www.tiching.com/64205

▸ Energía eléctrica

> La **energía eléctrica** es la energía relacionada con el movimiento de los electrones a través de un material conductor. Es la forma de energía más extendida en las sociedades desarrolladas, ya que se usa en lámparas, electrodomésticos, teléfonos, ordenadores, etc.

▸ Energía sonora

> La **energía sonora** es la que transporta el sonido.
>
> Las partículas del aire vibran y transmiten energía a sus vecinas.
>
> Sonidos muy intensos pueden llegar a romper cristales y a producir daños en el oído.

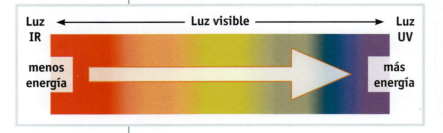

176 Tema 10

Energía mecánica

La **energía mecánica** es la energía que tiene un cuerpo por su *movimiento* y su *posición*.

Las principales formas de la energía mecánica son:

- La **energía cinética**, E_c. La tienen los cuerpos que están en *movimiento*.
- La **energía potencial**, E_p. Distinguimos entre energía potencial **gravitatoria**, que depende de la *altura* sobre el suelo a la que se encuentra un cuerpo; y energía potencial **elástica**, presente en los los muelles y los materiales *elásticos* cuando estos están deformados.

1.3. La energía se transforma

En nuestro entorno observamos que unas formas de energía se **transforman** en otras . Por ejemplo:

- La energía *química* que posee la gasolina se transforma en energía *térmica* durante la combustión en el motor de un coche, y esta se transforma en energía *cinética* para mover el coche.
- La energía *eléctrica* se transforma en *térmica* (estufas), en *cinética* (motores eléctricos) y en *luz* (bombillas).

1.4. La energía se conserva

La energía se transforma continuamente de una forma a otra, de manera que el valor total de la energía siempre es el mismo; por eso decimos que la energía **se conserva**.

Por ejemplo, el patinador de la figura se deja caer desde el punto 1 de la pista de *half-pipe* y experimenta las siguientes transformaciones de energía:

$$E_{p,1} \rightarrow E_{c,2} \rightarrow E_{p,3}$$

La diferencia entre $E_{p,1}$ y $E_{p,3}$ es la energía perdida por rozamiento. Esta energía, que es de tipo *térmico*, se emplea en calentar ligeramente la pista y el aire que la rodea.

Teniendo en cuenta estas pérdidas, la energía total se conserva. Si el patinador quiere llegar hasta 4 debe salir de 1 con cierta velocidad para aportar energía cinética adicional que compense las pérdidas por rozamiento.

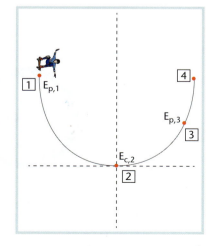

Fig. 1 Al caer por un trampolín, la energía potencial gravitatoria se transforma en energía cinética.

@ Amplía en la Red...

Comprueba cómo se conserva la energía total en el movimiento de un péndulo en:
www.tiching.com/64209

Actividades

1. Pon ejemplos en los que obtengamos energía térmica y explica cómo se consigue.

2. Cita ejemplos de objetos que, por estar en movimiento, tienen energía cinética, y de otros que, por estar a cierta altura del suelo, tienen energía potencial.

3. Haz un listado de aparatos que necesiten energía eléctrica para funcionar e indica la utilidad de cada uno: para dar calor, mover....

4. Describe qué transformación de energía se da en:

   a. Una estufa eléctrica.
   b. Un motor eléctrico.
   c. Una hoguera.
   d. El salto de un paracaidista.
   e. El lanzamiento de una flecha.
   f. Una linterna encendida.

Energía y trabajo 177

2 Trabajo y energía. Máquinas

2.1. Las fuerzas realizan trabajo

Cuando aplicamos una fuerza sobre un objeto y lo desplazamos, estamos variando su energía.

Por ejemplo:

- Si aplicamos una fuerza sobre un objeto que se mueve, este objeto experimenta un cambio en su velocidad y, por tanto, en su energía cinética.
- Si elevamos un objeto a cierta altura, aumentamos su energía potencial gravitatoria fig. 1.
- Si deformamos un arco o un muelle, aumenta su energía potencial elástica.

Estas variaciones de energía que se producen al aplicar una fuerza se cuantifican mediante el concepto de *trabajo*.

> El **trabajo** es la energía que se transmite a un cuerpo mediante la acción de una fuerza que lo desplaza.

El trabajo, *W* (del término *work*: trabajo, en inglés), realizado por una fuerza, *F*, paralela al suelo, que traslada un objeto una distancia, *d*, es fig. 2:

$$W = F \cdot d$$

La unidad de trabajo en el SI es el **julio** (J). 1 J es el trabajo que efectúa una fuerza de 1 N cuando desplaza un objeto 1 m:

$$1\ J = 1\ N \cdot 1\ m$$

Una fuerza que no produce desplazamiento *no realiza trabajo*. Las fuerzas de este tipo se denominan *esfuerzo*, para distinguirlas de las fuerzas que sí trabajan.

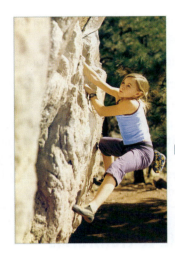

Fig. 1 La fuerza que ejerce la escaladora con sus músculos le hace aumentar su energía potencial al ascender.

Fig. 2 Al empujar el carro con una fuerza *F* y desplazarlo una distancia *d*, se está realizando un trabajo.

▶ ¿Qué es una máquina?

Una máquina es un mecanismo o un conjunto de mecanismos que transforma un tipo de energía en otro más adecuado para nuestros propósitos. Las máquinas también se utilizan para aprovechar, dirigir o regular la acción de una fuerza.

Existen máquinas de dos tipos:

- **Máquinas simples**. Realizan su trabajo en un único paso (por ejemplo, la rueda, la palanca, la polea o el plano inclinado).
- **Máquinas compuestas**. Están formadas por dos o más máquinas simples (por ejemplo, un reloj, una máquina de coser o una bicicleta).

Una bicicleta es una máquina compuesta formada por ruedas, engranajes, palancas...

178 Tema 10

2.2. Rendimiento de las máquinas

En todas las máquinas y movimientos de la vida cotidiana hay pérdidas de energía por rozamientos. Del total de **energía consumida**, solo se aprovecha una parte.

- La **energía útil** de una máquina es el trabajo que realiza.
- La que no se aprovecha es energía **degradada** o **disipada**.

El **rendimiento** de una máquina es el cociente entre la energía útil y la energía consumida.

El rendimiento no tiene unidades; se acostumbra a expresar en forma de porcentaje (%):

$$\text{rendimiento (\%)} = \frac{\text{energía útil}}{\text{energía consumida}} \cdot 100$$

A causa de los rozamientos, el rendimiento de las máquinas nunca es del 100 %.

Ejemplos

1. Una persona empuja un carro con una fuerza horizontal de 200 N hasta recorrer 100 m. Determina el trabajo que realiza si el desplazamiento siempre tiene la dirección de la fuerza.

   El trabajo que realiza es:

   $W = F \cdot d = 200 \text{ N} \cdot 100 \text{ m} = 20\,000 \text{ J} = 2 \cdot 10^4 \text{ J}$

2. Una lavadora realiza un trabajo de $5 \cdot 10^6$ J pero tiene un rendimiento del 85 %. Calcula la energía que ha consumido.

   Aplicamos la relación entre la energía útil y el rendimiento y despejamos la energía consumida:

   $$\text{rendimiento (\%)} = \frac{\text{energía útil}}{\text{energía consumida}} \cdot 100$$

   $$85 = \frac{5 \cdot 10^6 \text{ J}}{\text{energía consumida}} \cdot 100$$

   $$\text{energía consumida} = \frac{5 \cdot 10^6 \text{ J} \cdot 100}{85} = 5{,}88 \cdot 10^6 \text{ J}$$

¿Qué rendimiento tienen las máquinas?

Las máquinas eléctricas que producen movimiento tienen un rendimiento elevado, en torno al 80 %.

En cambio, un motor de automóvil tiene un rendimiento cercano al 15 %. De cada 100 L de gasolina, solo se aprovecha la energía de 15 L.

- ¿Cuánta gasolina se aprovecha si un motor consume 30 L con un rendimiento del 27 %?

Buena parte de la energía del combustible se pierde a causa de los rozamientos y del calor que se genera en la combustión.

@ **Amplía en la Red...**

Aprende más sobre el rendimiento de las máquinas en: www.tiching.com/64212

Actividades

1. Explica en qué tipo de energía se transforma el trabajo que efectúa:
   a. Una grúa al elevar un objeto.
   b. El motor de un coche.
   c. El motor de un ascensor.
   d. Un ciclista pedaleando.
   e. Una chica empujando un patinete.

2. Calcula el trabajo que realiza un ciclista que ejerce con sus músculos una fuerza de 400 N a lo largo de 100 m.

3. Calcula el rendimiento (%) de una máquina que realiza un trabajo de 5 000 J y consume 6 000 J.

4. ¿Crees que tu cuerpo es una máquina? Reflexiona sobre en qué tipos de energía transformas la energía que te aportan los alimentos que comes.

Energía y trabajo 179

3 Las máquinas simples

Como acabamos de ver, las máquinas más elementales se llaman **máquinas simples**. Aunque son muy sencillas, suponen una gran ayuda para realizar trabajos y transferir energía.

A RUEDA

Una **rueda** es una pieza circular que gira alrededor de un **eje**. Con una plataforma provista de ruedas, los objetos se pueden desplazar aplicando una fuerza menor porque con las ruedas disminuye el rozamiento.

B PALANCA

Una **palanca** consiste en una barra rígida que puede girar sobre un *punto de apoyo*.

Mediante una palanca se pueden alzar objetos pesados aplicando una pequeña fuerza en el brazo más largo.

Muchas herramientas, como los alicates, que sirven para coger y apretar objetos pequeños, están formadas por dos palancas combinadas.

C ENGRANAJE Y POLEAS DE TRANSMISIÓN

Un **engranaje** es un sistema formado por dos o más ruedas dentadas, en el cual se transmite el giro de unas ruedas a otras.

Lo mismo ocurre con dos ruedas unidas mediante una correa que por ello reciben el nombre de **poleas de transmisión**.

D VOLANTE

Una pequeña fuerza aplicada en el borde del **volante** se multiplica en el eje. Se usa en manillares, válvulas, etc.

180 Tema 10

DESCUBRE

E PLANO INCLINADO O RAMPA

Una **rampa** es una superficie plana e inclinada (formando un ángulo agudo con el suelo), que se utiliza para subir objetos.

Mediante una rampa se pueden subir objetos haciendo menos fuerza que directamente en vertical.

F TORNO

Gracias al **torno** se suben objetos empleando menos fuerza que izándolos a pulso.

G CUÑA

Una **cuña** es una pieza de sección triangular que permite partir objetos de madera o de piedra aplicando una pequeña fuerza.

H POLEA FIJA Y POLEA MÓVIL

La polea consiste en una rueda acanalada en la que encaja un cable o una cuerda.

Con la **polea fija** los objetos se suben con mayor comodidad, ya que ejercemos la fuerza hacia abajo y podemos ayudarnos de nuestro peso.

Con la **polea móvil** reducimos a la mitad la fuerza necesaria para subir un objeto.

I TORNILLO

Un **tornillo** es una pieza que se introduce en el material (madera, plástico...) con menos esfuerzo que un clavo. La rosca que tiene es un plano inclinado en forma de hélice.

Actividades

1. Cita algunas máquinas simples y explica cómo funcionan. Elabora esquemas explicativos.
2. ¿Qué máquina simple de las estudiadas te parece más útil? ¿Por qué?
3. Busca información sobre objetos que tengan palancas en su estructura y elabora un informe.

Energía y trabajo 181

4 Cálculo de la energía mecánica

4.1. Energía cinética

Para conseguir que un objeto *se mueva* debe efectuarse un trabajo sobre él. Por ejemplo, el motor de un coche trabaja para poner a este en movimiento, las piernas de un ciclista trabajan para hacer que la bicicleta adquiera velocidad, la deformación de un arco da velocidad a la flecha...

En todos estos casos, el trabajo se convierte en **energía cinética**.

La cantidad de energía cinética, E_c, que posee un cuerpo es proporcional a su **velocidad**, v, y también a su **masa**, m [fig. 1]:

$$E_c = \frac{1}{2} \cdot m \cdot v^2$$

Fig. 1 Un guepardo de 50 kg de masa corriendo a 100 km/h (27,8 m/s) tiene una energía cinética de 19 321 J.

4.2. Energía potencial gravitatoria

Si observamos una grúa [fig. 2], comprendemos que esta máquina debe efectuar una fuerza sobre la carga para desplazarla, esto es, para subirla.

En este caso, el trabajo que ejerce la grúa se invierte en aumentar su **energía potencial gravitatoria**.

El valor de la energía potencial gravitatoria, E_p, que posee un cuerpo depende de la **altura**, h, a la que se encuentra, de su **masa**, m, y de la aceleración de la **gravedad**, $g = 9,8$ m/s^2:

$$E_p = m \cdot g \cdot h$$

Fig. 2 El trabajo de la fuerza F ejercida por la grúa se transforma en energía potencial.

4.3. Energía mecánica

Para calcular la **energía mecánica**, E_m, que tiene un cuerpo debemos sumar su energía cinética y su energía potencial gravitatoria.

$$E_m = E_c + E_p$$

Por ejemplo, la energía mecánica que posee un avión es la suma de la energía cinética debida a su movimiento y la energía potencial gravitatoria que tiene por estar a la altura en la que se encuentra.

Unidad del trabajo y de la energía

El trabajo se transforma en diversas formas de energía, por lo que todas las clases de energía se miden en la misma unidad en que se mide el trabajo, el julio, J.

Ejemplos

1. Calcula la energía cinética de una moto de 100 kg con su motorista, de 70 kg, y que se desplaza con una velocidad de 72 km/h.

   Expresamos la velocidad en unidades del SI:

   $$72 \text{ km/h} = \frac{72 \text{ km}}{h} \cdot \frac{1000 \text{ m}}{1 \text{ km}} \cdot \frac{1 h}{3600 \text{ s}} = 20 \text{ m/s}$$

   Sustituimos la masa total y la velocidad en la expresión de la energía cinética:

   $$E_c = \frac{1}{2} \cdot m \cdot v^2 = \frac{1}{2} \cdot 170 \text{ kg} \cdot (20 \text{ m/s})^2 = 34\,000 \text{ J}$$

2. Halla cuál es el valor de la energía potencial que tiene un ascensor vacío de 200 kg de masa que se encuentra situado a una altura de 30 m del suelo. ¿Cuanta energía pierde si desciende 10 m?

   Sustituimos los datos en la expresión de la energía potencial:

   $E_p = m \cdot g \cdot h = 200$ kg $\cdot 9,8$ m/s$^2 \cdot 30$ m $= 58\,800$ J

   Si $h = 20$ m, $E_P = 200$ kg $\cdot 9,8$ m/s$^2 \cdot 20$ m $= 39\,200$ J

   $58\,800$ J $- 39\,200$ J $= 19\,600$ J

LA LEY DE LA PALANCA

En una **palanca** distinguimos los siguientes elementos:

- **Potencia**, *P*. Es la fuerza aplicada para realizar un desplazamiento.
- **Resistencia**, *R*. Es la fuerza que se opone al desplazamiento, por ejemplo, el peso de un objeto que queremos elevar.
- **Brazo de potencia**, b_P y **brazo de resistencia**, b_R. Son, respectivamente, la distancia del **punto de apoyo** al *punto de aplicación* de la potencia y de la resistencia.

La ley de la palanca establece que se cumple la siguiente relación:

$$P \cdot b_P = R \cdot b_R$$

Por lo tanto, si b_P es mucho mayor que b_R, la potencia P necesaria será mucho menor que la resistencia R que queremos vencer.

$$P \cdot \mathbf{b}_P = R \cdot b_R$$

@ **Amplía en la Red...**

Observa videos sobre palancas y poleas en:
www.tiching.com/743691 y
www.tiching.com/743692

Palanca de primer género

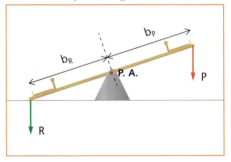

El punto de apoyo está entre la potencia y la resistencia.

Palanca de segundo género

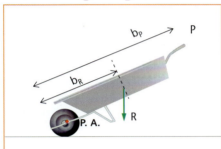

La resistencia está entre el punto de apoyo y la potencia.

Palanca de tercer género

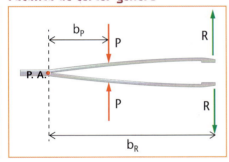

La potencia está entre el punto de apoyo y la resistencia.

Ejemplos

3. Calcula la fuerza necesaria para subir un peso de 1000 N con una palanca si el brazo de potencia mide 2 m y el de resistencia 0,5 m.

Despejamos la potencia P en la ley de la palanca:

$$P \cdot b_P = R \cdot b_R \Rightarrow P = \frac{R \cdot b_R}{b_P} = \frac{1000 \text{ N} \cdot 0,5 \text{ m}}{2 \text{ m}} = 250 \text{ N}$$

Esta palanca nos ayuda a subir un peso de 1000 N mediante una fuerza de 250 N.

4. Tenemos una palanca de 1,5 m de longitud, con el punto de apoyo a 0,5 m de la carga. Si disponemos de una máquina que aplica una fuerza de 300 N, ¿qué peso máximo podremos levantar?

Despejamos R en la ley de la palanca:

$b_R = 0,5$ m; $b_P = 1,5$ m – 0,5 m = 1,0 m

$$P \cdot b_P = R \cdot b_R \Rightarrow R = \frac{P \cdot b_P}{b_R} = \frac{300 \text{ N} \cdot 1,0 \text{ m}}{0,5 \text{ m}} = 600 \text{ N}$$

Actividades

1. Calcula el valor de la energía cinética de un barco de 2 toneladas que se desplaza a una velocidad de 5 m/s.

2. Calcula el valor de la energía potencial de una escaladora de 60 kg de masa que se encuentra a una altura de 200 m sobre el suelo.

3. Calcula el peso que podremos subir mediante una palanca si ejercemos una fuerza de 200 N, el brazo de potencia mide 1 m y el de resistencia, 0,5 m.

4. ¿Cómo ha de ser la relación entre brazos para que el valor de la resistencia y de la potencia sean iguales?

Energía y trabajo

5 Experimentos con máquinas

LABORATORIO

En el siglo III a.C. el filósofo griego Arquímedes dijo "Denme un punto de apoyo y moveré el mundo". Si bien la palanca y otras máquinas simples ya se utilizaban desde la Prehistoria, Arquímedes fue el primero en describir matemáticamente su principio.

A. COMPRENDER LA UTILIDAD DE LAS PALANCAS

Comprobación de la ley de la palanca

1. Coloca una pesa o un conjunto de ellas, de las cuales sepamos su masa, en el extremo de la palanca que corresponderá a la resistencia, R ($R = m_R \cdot g$). Anota en tu cuaderno, en una tabla como la que se muestra, los valores de R y de la longitud del brazo de la resistencia, b_R.

2. En el extremo correspondiente a la potencia, P, sitúa el portapesas junto con las pesas necesarias para que la palanca quede en equilibrio.

3. Cuelga el portapesas junto con las pesas del dinamómetro con el fin de determinar la masa cuyo peso ha correspondido a la potencia y anota en la tabla los valores de P ($P = m_P \cdot g$) y de b_P.

4. Repite este proceso con diferentes valores de resistencias y de brazos de palanca, y anota los respectivos valores de las magnitudes que hacen que la palanca permanezca en equilibrio.

5. Completa en tu cuaderno la tabla con los valores de los productos de cada resistencia por su brazo y cada potencia por el suyo.

Material
- Palanca
- Diversas pesas de disco
- Portapesas
- Dinamómetro
- Regla graduada

	Caso 1	Caso 2	Caso 3
M_R (kg)			
R (N)			
b_R (m)			
M_P (kg)			
P (N)			
b_P (m)			
$R \cdot b_P$ (N · m)			
$P \cdot b_P$ (N · m)			

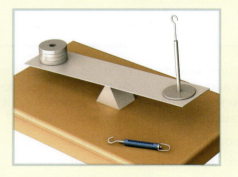

Preguntas

1. Observa los diferentes valores obtenidos para las parejas $R \cdot b_R$ y $P \cdot b_P$ en cada uno de los casos. ¿Qué valores has obtenido?

2. ¿Se obtienen en todos los casos diferentes valores de las parejas de productos $R \cdot b_R$ y $P \cdot b_P$?

3. Salvo pequeñas diferencias por los inevitables errores en las medidas, ¿se cumple el principio de la palanca en cada caso?

4. ¿Qué se consigue al realizar diversas medidas en vez de una sola?

LABORATORIO

B. TRABAJAR CON POLEAS

A continuación observarás como influye el uso de poleas en la fuerza necesaria para levantar un peso.

Fuerzas con poleas

1. Cuelga el bloque de madera del dinamómetro para conocer su peso. Anota la fuerza que indica.
2. Con la polea fija, cuelga el bloque de un extremo de la cuerda que pasa por la polea y sitúa en el otro extremo el dinamómetro. Anota la fuerza que indica.
3. Repite el paso anterior trabajando con la polea móvil que consta de dos poleas. Anota la fuerza que indica.
4. Copia y rellena en tu cuaderno los huecos de la tabla con los resultados obtenidos y comprueba que con la polea móvil la fuerza que debemos ejercer es la mitad que la empleada con la polea fija.

Material
- Bloque de madera
- Dinamómetro
- Polea fija
- Polipasto o polea móvil compuesto de dos poleas

Peso del bloque	$p =$ ▭ N
Fuerza con la polea fija	$F_1 =$ ▭ N
Fuerza con la polea móvil	$F_2 =$ ▭ N

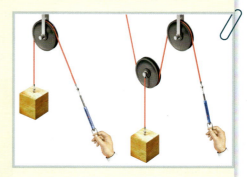

C. ESTUDIAR LAS RAMPAS

Las rampas son de gran utilidad para salvar desniveles, como, por ejemplo, a una persona en silla de ruedas o con un cochecito de bebé. Con la experiencia siguiente analizarás cómo disminuye la fuerza necesaria para subir un peso con el uso de un plano inclinado.

Trabajo con el plano inclinado

1. Cuelga el cochecito del dinamómetro y anota lo que marca, que corresponde al valor de su peso.
2. Sitúa el conjunto dinamómetro – cochecito sobre el plano inclinado un ángulo α_1, con la vertical. Anota el valor del ángulo y el de la fuerza necesaria para que el bloque se mantenga en reposo por el plano.
3. Repite el paso 2 con un ángulo $\alpha_2 > \alpha_1$.
4. Comprueba que las tres fuerzas anotadas en la tabla tienen esta relación: $p > F_1 > F_2$

Material
- Cochecito de juguete
- Dinamómetro
- Plano inclinado con el menor rozamiento posible
- Medidor de ángulos

Peso del cochecito	$p =$ ▭ N
Fuerza caso ángulo α_1	$F_1 =$ ▭ N
Fuerza caso ángulo α_2	$F_2 =$ ▭ N

Pregunta
¿Cómo varía la fuerza en función del ángulo de la rampa?

Energía y trabajo 185

6 Luz y sonido

DESCUBRE

Las ondas son fenómenos vibratorios que se producen en la naturaleza. Se pueden observar, por ejemplo, en la superficie del agua de un estanque cuando se tira una piedra.

Las ondas no transportan materia, pero transmiten energía. La luz y el sonido son dos tipos de onda esenciales en la naturaleza.

A ¿QUÉ ES LA LUZ?

La **luz** tiene naturaleza ondulatoria que no necesita un medio material para transmitirse.

La luz visible (perceptible por el ojo humano) pertenece a un grupo más grande de ondas, las **ondas electromagnéticas**.

La energía que transporta la luz depende de su *longitud de onda* o de su *frecuencia*.

◄ La luz del Sol nos llega a través del vacío del espacio.

B CARACTERÍSTICAS DE LAS ONDAS

Todas las ondas se caracterizan por:

- **Longitud de onda**, λ: Es la distancia entre dos crestas o dos valles consecutivos de una onda.
- **Frecuencia**, f: Indica cómo de rápido vibran las partículas en presencia de una onda.

El color con el que vemos la luz depende de estas características.

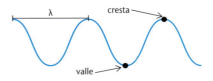

C FUENTES DE LUZ

Las fuentes de luz se clasifican en:

- **Fuentes naturales**: son aquellas que se encuentran en la naturaleza. Por ejemplo, el Sol emite luz con un amplio rango de longitud de onda. Fundamentalmente nos llega luz visible, aunque también luz ultravioleta e infrarroja.
- **Fuentes artificiales**: son las fuentes fabricadas por el ser humano. Por ejemplo, las bombillas y los tubos fluorescentes son fuentes de luz artificiales.

▼ Los gases que hay dentro de las bombillas de bajo consumo emiten luz al conectarse a una corriente eléctrica.

D ¿POR QUÉ VEMOS LOS OBJETOS?

Podemos ver los objetos que nos rodean porque nos llega luz de ellos, que captamos mediante el sentido de la vista. En función de si emiten ellos mismos la luz o no, los objetos se clasifican en: *fuentes primarias* o *secundarias*.

Para representar la trayectoria que siguen las ondas de luz, por ejemplo desde un objeto hasta nuestros ojos, utilizamos líneas rectas que llamamos **rayos luminosos**.

▼ Los rayos son las distintas direcciones en que se propaga la luz.

DESCUBRE

E ¿QUÉ ES EL SONIDO?

Cuando pellizcamos la cuerda de una guitarra, esta empieza a vibrar y podemos percibir su sonido. Lo que ha ocurrido es que la vibración de la cuerda se ha transmitido a las partículas de aire que la rodeaban, y estas han transmitido la vibración hasta nuestro oído.

El **sonido** se propaga en todas direcciones desde la fuente de sonido hasta los receptores.

A diferencia de la luz, el sonido no se propaga en el vacío, necesita un medio material para transmitirse.

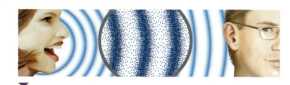

Cuando se transmiten por el aire, las ondas sonoras causan la compresión y la dilatación de las partículas de aire.

F FUENTES DE SONIDO

Como en la cuerda de guitarra, para producir un sonido es necesario generar vibraciones en algún medio material, generalmente el aire.

Son **fuentes de sonido** todos los aparatos, instrumentos o elementos de la naturaleza que generan este tipo de vibraciones.

Nuestra voz surge de las vibraciones de las cuerdas vocales; las notas que emite una guitarra son producidas por las vibraciones de sus cuerdas…

G EL SONIDO TRANSPORTA ENERGÍA

Para que las partículas del aire, de los metales o del agua vibren y transmitan el sonido, deben moverse. Para ello reciben y transmiten **energía cinética**.

La rotura de copas de cristal producida por el sonido muy agudo de una cantante demuestra que las ondas sonoras tienen energía. Los ruidos muy intensos también pueden llegar a romper el tímpano del oído.

H VELOCIDAD DE PROPAGACIÓN DEL SONIDO

El sonido viaja por el aire a la velocidad constante de 340 m/s. En medios materiales más densos que el aire, el sonido alcanza velocidades superiores.

En los medios sólidos es donde el sonido alcanza mayor velocidad, ya que las partículas están más próximas que en los líquidos y en los gases. Esta proximidad de las partículas facilita la transmisión de la vibración.

La luz se propaga mucho más rápidamente (a una velocidad de 300 000 m/s). Por este motivo, en días de tormenta, la luz de los rayos nos llega antes que el sonido de los truenos.

Velocidad del sonido en algunos medios (m/s)			
Aire	340	Agua del mar	1 520
Acero	5 050	Agua dulce	1 480
Hierro	5 500	Madera	3 500
Plomo	2 640	Vidrio	5 600

Actividades

1. ¿Cuál es la naturaleza de la luz? ¿Y la del sonido?
2. Cita fuentes de luz. ¿Cuáles son naturales?
3. ¿Cómo sabemos que la luz se propaga en el vacío? ¿Y que es energía que se propaga en todas direcciones?
4. Explica por qué vemos los objetos.
5. Cita ejemplos en los que se demuestre que el sonido transporta energía. ¿De qué energía se trata?
6. ¿Por qué un micrófono colocado en la vía del tren detecta antes la llegada de un tren que si lo colocamos en el aire?
7. ¿Qué ocurriría si dejáramos entrar aire poco a poco en el interior de una campana de vidrio, en la que previamente habíamos hecho el vacío, y que contiene un timbre pulsado?
8. Pon ejemplos de fuentes sonoras.

Energía y trabajo

7 Reflexión y refracción de la luz

7.1. Reflexión de la luz

> La **reflexión** de la luz es la desviación que experimentan los rayos de luz al encontrarse una superficie a través de la cual no pueden pasar y tienen que rebotar.

Es el fenómeno responsable de que veamos nuestra imagen reflejada en los espejos y en los vidrios de los escaparates, de la imagen del paisaje reflejada en la superficie de los lagos [fig. 1]...

Características de la reflexión

Para un rayo luminoso que incide sobre un punto de la superficie reflectante tenemos:

- **Rayo incidente** y **rayo reflejado**. Se trata, respectivamente, del rayo que llega y del rayo que sale rebotado.
- **Normal**. Es la recta perpendicular a la superficie de reflexión que pasa por el punto donde coinciden los rayos incidente y reflejado.
- **Ángulo de incidencia**, i, y **ángulo de reflexión**, r. Son los ángulos que forma la normal con los rayos incidente y reflejado. Se cumple:

Ángulo de incidencia (i) = Ángulo de reflexión (r)

7.2. Refracción de la luz

> La **refracción** de la luz es la desviación que experimentan los rayos de luz cuando pasan de un medio transparente a otro.

Este fenómeno es la causa de que veamos torcidos los objetos parcialmente sumergidos en agua [fig. 2], de que el fondo de los estanques parezca menos profundo, de que los peces de una pecera esférica parezcan más grandes... En este caso tenemos:

- **Rayo refractado**. Es el rayo que se propaga en el segundo medio.
- **Ángulo de refracción**, r'. Es el ángulo que forma el rayo refractado con la normal.

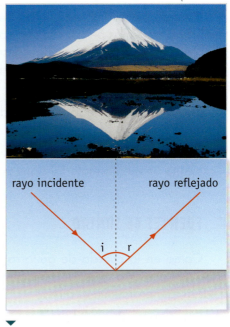

Fig. 1 La reflexión de la luz es el fenómeno que nos permite ver en el agua la imagen de la montaña.

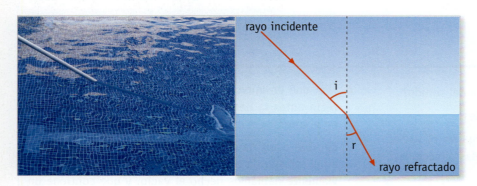

Fig. 2 La refracción de la luz es la causante de que observemos el mango de la red como si estuviera roto o doblado.

@ **Amplía en la Red...**

Aprende más sobre la reflexión y la refracción de la luz en:
www.tiching.com/693166 y
www.tiching.com/92464

Actividades

1. Pon ejemplos en los que la luz se refleje y otros en los que la luz se refracte.
2. ✓ Explica por qué la luz se refleja en medios opacos y se refracta en medios transparentes.
3. Describe qué son el ángulo de incidencia, el ángulo de reflexión y el ángulo de refracción.

188 Tema 10

INSTRUMENTOS ÓPTICOS

El microscopio

El **microscopio** se utiliza para examinar cuerpos pequeños, como células, bacterias, alas de insectos… para los cuales no es suficiente la lupa. Este instrumento nos da una imagen de los objetos de mayor tamaño que estos.

Consiste básicamente en dos lentes, llamadas *ocular* y *objetivo*. Sus nombres indican el lugar que ocupan: detrás del ocular ponemos el *ojo* y debajo del objetivo se coloca el objeto que se va a estudiar, la *muestra*.

La muestra se ilumina por su parte inferior, y el sistema óptico formado por las dos lentes crea una imagen ampliada de ella. Esto nos permite distinguir detalles de los objetos invisibles al ojo humano.

Un microscopio dispone de varios tipos de objetivos para conseguir imágenes con diferentes aumentos de tamaño.

▼ Partes de un microscopio.

El telescopio

El **telescopio** se utiliza para ver de cerca objetos lejanos, como la Luna, los planetas, el Sol…

Consta básicamente de dos lentes, llamadas también *ocular* y *objetivo*. Entre las dos nos acercan objetos imposibles de distinguir con el ojo humano.

Los telescopios más potentes están situados en satélites alrededor de la Tierra para evitar que las imágenes se vean afectadas por la contaminación y las perturbaciones atmosféricas.

▼ Partes de un telescopio.

◀ Telescopio espacial Herschel.

▶ Contaminación lumínica

La **contaminación lumínica** es el resplandor que se produce en el cielo nocturno debido al exceso de alumbrado, principalmente, de las ciudades.

Esto supone diversos perjuicios:

- Se *consume mucha energía* para mantener dicha iluminación. Además, la producción de esta energía contribuye al cambio climático.
- Se ha observado la *alteración en el ciclo de algunos animales*, como las aves.
- También se ha observado que *afecta a los árboles*, que crecen en momentos inadecuados.
- Dificulta la *observación del cielo nocturno*.

▼ Imagen nocturna de Europa.

Energía y trabajo 189

8 Eco y reverberación

8.1. Reflexión del sonido

Cuando el sonido se encuentra obstáculos que no puede atravesar (por ejemplo, una pared o una roca), se *refleja*.

El *eco* y la *reverberación* son dos fenómenos debidos a la reflexión del sonido.

8.2. El eco

Se produce **eco** cuando un sonido rebota en un obstáculo y vuelve al punto donde se ha emitido.

El oído humano necesita que transcurra una décima de segundo (0,1 s) entre dos sonidos para poder distinguir uno de otro. Si transcurre menos tiempo, los dos sonidos se superponen y no pueden distinguirse.

Debido a que el sonido recorre en el aire 34 m en 0,1 s, para apreciar el eco el emisor debe estar situado a una distancia mínima de 17 m del obstáculo que refleja el sonido. El sonido debe desplazarse 17 m de ida y otros 17 m de vuelta fig. 1 .

Fig. 1 El eco se produce por la reflexión del sonido en un obstáculo.

8.3. La reverberación

Si entre el sonido emitido y el reflejado transcurre menos de una décima de segundo, el oído mezcla ambos sonidos se produce un resultado sonoro llamado **reverberación**, que se aprecia como una pequeña permanencia del sonido.

Este fenómeno puede ocurrir en las salas de cine, auditorios o teatros si las paredes no se cubren de algún material que impida la reflexión del sonido, como la madera, el corcho o la fibra de vidrio.

La intensidad del sonido

La intensidad sonora se mide en **decibelios**, dB, con un aparato llamado sonómetro.

Al distanciarnos de una fuente sonora, la intensidad del sonido producido disminuye.

▶ El sonar

El **sonar** (*Sound Navigation and Ranging*) es un aparato utilizado para medir distancias dentro del agua del mar y detectar objetos.

Los barcos provistos de sonar emiten ondas sonoras que se reflejan en los obstáculos y vuelven a ser captadas por el barco. El sonar determina las distancias a estos obstáculos midiendo el tiempo que tardan las ondas en regresar y teniendo en cuenta la velocidad del sonido en el agua.

El sonar se utiliza, por ejemplo, para detectar submarinos o rocas, y para conocer el relieve del fondo marino.

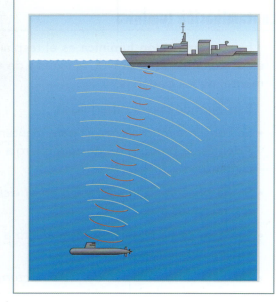

190 Tema 10

CONTAMINACIÓN ACÚSTICA

La percepción continuada de sonidos intensos daña progresivamente el oído y produce la disminución, incluso la pérdida, de la audición.

Según la Organización Mundial de la Salud, sonidos de intensidad superior a 55 decibelios impiden a las personas comunicarse, concentrarse, rendir en su trabajo, descansar...

Los sonidos de gran intensidad causan dolores de cabeza, insomnio, estrés, depresión, pérdida de la audición...

Se denomina **contaminación acústica** la existencia de sonidos demasiado intensos y prolongados en determinados lugares.

En las ciudades es donde se produce más ruido: tráfico de todo tipo (automóviles, aviones, trenes, motocicletas...), la maquinaria de las obras y construcciones, los lugares públicos de ocio (sobre todo discotecas)...

También la música, si tiene demasiada intensidad, puede considerarse ruido y presentar todos los inconvenientes de la contaminación acústica.

Medidas contra el ruido

Algunas medidas que se pueden tomar para impedir que se produzcan sonidos fuertes y perjudiciales son: diseñar vehículos con motores menos ruidosos, insonorizar locales para que no llegue el ruido al exterior, utilizar tapones o cascos protectores de los oídos en lugares ruidosos...

El cuidado del oído

El uso de auriculares está muy extendido porque nos permite aislarnos del ruido exterior y concentrarnos en lo que queremos escuchar.

Sin embargo, si el volumen de nuestro reproductor está demasiado alto, podemos llegar a sufrir graves problemas auditivos, incluso sordera.

▼ El uso inadecuado de auriculares puede producir graves daños al oído.

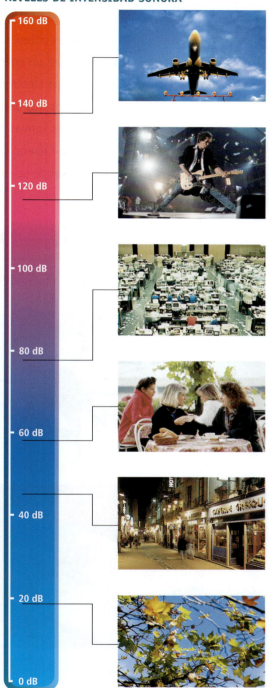

NIVELES DE INTENSIDAD SONORA

Actividades

1. Describe qué es el eco. ¿A partir de qué distancia podemos apreciar el eco?

2. Explica cómo funciona el sonar y qué aplicaciones suele tener.

Energía y trabajo **191**

Taller de ciencia • Taller de ciencia • Taller de

1 Razona. La energía

Indica en tu cuaderno cuáles de las siguientes frases son falsas y escríbelas correctamente:
- La energía térmica solo la podemos obtener del Sol.
- La energía potencial es la que posee un cuerpo que está en movimiento.
- La energía eléctrica se utiliza en los electrodomésticos, ordenadores, teléfonos…
- La energía química de los alimentos nos permite realizar las actividades diarias.
- El trabajo se transforma en diversas formas de energía.
- En las máquinas simples se produce energía sin trabajo.
- El rozamiento no influye en el valor de la energía.

2 Observa y deduce. Formas de energía

Explica qué tipos de energía tienen los objetos de las siguientes imágenes. ¿Qué transformaciones de energía se dan en ellos?

a

b

c

d

e

f

192 Tema 10

3 Analiza un texto. Transformaciones de energía en el atletismo

Los atletas y las atletas de las diferentes modalidades utilizan su cuerpo como fuente de energía para transformarla en energía cinética y energía potencial.

La energía de su cuerpo proviene de la energía química de los alimentos que toman. Gracias a esta energía realizan un trabajo con sus diferentes músculos. Este trabajo vuelve a transformarse en:

- Energía cinética, por ejemplo, en las pruebas de velocidad en sus diferentes modalidades, de salto, de distancia, marcha atlética...
- Energía potencial, por ejemplo, en los saltos de altura y con pértiga.
- Energías cinética y potencial, por ejemplo, en los lanzamientos de jabalina, martillo o peso, y en las carreras de vallas.

a) Redacta el texto con tus propias palabras.
b) ¿Qué alimentación crees que deben tener las personas que se dedican al atletismo?
c) Explica por qué en el caso de las carreras de vallas, por ejemplo, el trabajo se transforma en energía cinética y en energía potencial.

4 Busca en la red. Las palancas

Investiga sobre los tipos de palancas que existen y contesta las preguntas siguientes:

a) ¿Qué clase de palanca es el balancín?
b) ¿De cuántas partes se compone una palanca? Di sus nombres y explica lo qué es cada una.
c) Cita ejemplos de palancas de primera clase.
d) ¿Qué tipo de palanca es una carretilla? Indica y dibuja dónde están situadas sus tres partes. Pon otro ejemplo de esta misma clase de palanca.
e) Indica y dibuja dónde están situadas las tres partes de una palanca de tercera clase. Pon ejemplos de este tipo de palancas.

Antes de empezar puedes mirar el video siguiente:

www.tiching.com/743691

5 Calcula y responde. Trabajo y energía

a) Calcula el trabajo que se efectúa al arrastrar una mesa con una fuerza de 200 N paralela al desplazamiento a lo largo de 4 m.
b) ¿Qué energía consume una máquina que produce un trabajo de 5 000 J si tiene un rendimiento del 70 %?
c) Determina el valor de la energía cinética que tiene un caballo de 300 kg de masa que lleva una velocidad de 36 km/h.
d) Calcula el valor de la energía potencial de un escalador de 75 kg de masa que se encuentra a una altura de 300 m sobre el suelo.

Energía y trabajo 193

Taller de ciencia • Taller de ciencia • Taller de

6 Analiza. Energía potencial elástica

Los objetos se deforman si ejercemos fuerzas sobre ellos. Algunos, como los muelles, al dejar de actuar las fuerzas que los deforman vuelven a la forma original. Llamamos *elásticos* a estos objetos y la energía que poseen mientras están deformados se denomina *energía potencial elástica*.

Supón que dejamos caer una pelota elástica desde cierta altura. Analiza el siguiente esquema y explica lo qué ocurre en cada etapa.

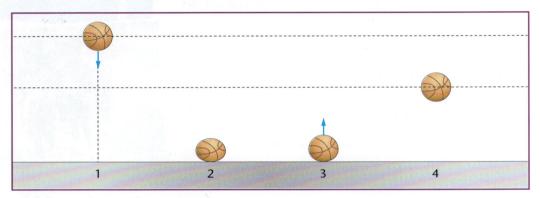

7 Razona. Conservación de la energía

Un péndulo consiste en un peso colgando de un hilo o de una barra rígida. Antiguamente, los péndulos se utilizaban en los relojes de pared. Construye un péndulo con material que tengas en casa y describe lo que ocurre cuando sueltas el peso:

a) ¿Qué tipo de energía tiene el peso en la parte superior?

b) ¿Qué tipo de energía tiene abajo?

c) ¿Por qué vuelve a subir?

d) ¿Sube hasta la misma altura en todas las oscilaciones? ¿Por qué?

e) ¿Se mantiene indefinidamente en movimiento? ¿Por qué?

8 Investiga. La refracción

Experimenta con la siguiente simulación sobre refracción en diferentes medios y realiza las siguientes actividades:

www.tiching.com/745597

1) Con los medios *vacío* y *agua*, y el rayo incidente en la parte del vacío, selecciona los ángulos de incidencia de valores 39,9º y 70,02º. Indica en cada caso el valor del ángulo de refracción.

2) Cambia los medios de posición (*agua-vacío*) para que corresponda a una refracción desde el agua hacia el vacío. Busca los ángulos de incidencia de valores 20,7º, 45º y 50º. ¿Qué observas en estos casos respecto al ángulo de refracción? ¿A partir de qué ángulo de incidencia no se produce refracción sino *reflexión total*?

3) Repite los pasos de las actividades 1 y 2 con los medios *vacío-vidrio crown N-K5* y *vacío-diamante*. Explica, además, las variaciones respecto a los casos anteriores.

194 Tema 10

Síntesis. Energía y trabajo

Energía
- La **energía** es la capacidad de producir cambios en la materia.
- Existen distintas formas de energía: **térmica**, **eléctrica**, **química**…
- La **energía cinética** es la energía que posee un objeto que tiene velocidad: $E_c = \frac{1}{2} \cdot m \cdot v^2$.
- La **energía potencial** es la energía que tiene un objeto por la altura a la que está: $E_p = m \cdot g \cdot h$.

Trabajo y máquinas
- El **trabajo** es la energía que se transmite a un cuerpo mediante la acción de una fuerza que lo desplaza: $W = F \cdot d$.
- Llamamos **máquina** a un mecanismo que transforma una forma de energía en otra. Hay máquinas **simples** y máquinas **compuestas**.
- El **rendimiento** de una máquina es el cociente entre la **energía útil** y la **energía consumida**.
- La **palanca** nos permite subir pesos grandes utilizando fuerzas pequeñas.

Luz y sonido
- La **luz** es una onda electromagnética que transmite energía y nos permite ver los objetos. Se propaga en el vacío.
- El **sonido** consiste en la propagación de vibraciones y de energía en línea recta y en todas direcciones. No se propaga por el vacío.
- La luz presenta **reflexión** y **refracción**. El **eco** es la reflexión del sonido.

1 CONSOLIDA LO APRENDIDO

a) ¿Qué es la energía? ¿Qué tipos de energía existen?

b) ✓ ¿Por qué decimos que la energía se conserva?

c) ¿Cómo se calcula el trabajo que realiza una fuerza al desplazar un objeto?

d) ¿Qué distingue a las máquinas simples de las máquinas compuestas? ¿Qué máquinas simples existen?

e) ✓ ¿Qué es el rendimiento de una máquina? ¿Cuánto puede llegar a valer?

f) ¿Cómo funcionan las palancas? ¿Y las poleas? ¿Qué dice la ley de la palanca?

g) ¿Cómo se calcula la energía cinética de un objeto que se mueve con cierta velocidad?

h) ¿De qué depende el valor de la energía potencial? ¿Cómo se calcula?

i) ¿Qué diferencia hay entre la reflexión y la refracción de la luz?

j) ¿Qué es el eco? ¿Cuándo se produce reverberación?

2 DEFINE CONCEPTOS CLAVE

- Energía
- Trabajo
- Máquina
- Rendimiento
- Energía cinética
- Energía potencial
- Onda
- Reflexión
- Refracción

RESPONDE A LA PREGUNTA INICIAL

Después de haber estudiado este tema, puedes responder a la pregunta inicial:

¿Qué necesitamos para obtener energía?

Redacta un texto de entre 10 y 20 líneas que resuma las conclusiones a las que hayas llegado.

AFIANZA LO APRENDIDO

Para consolidar los conocimientos adquiridos, puedes efectuar las actividades propuestas en:

www.tiching.com/744959

Están preparadas en un documento en formato pdf que puedes descargarte. Al final, hallarás las soluciones.

11 CALOR Y TEMPERATURA

¿Cómo cambian su temperatura los objetos?

El fuego de las hogueras aumenta la temperatura de su entorno al transmitirle energía en forma de calor.

El calor o energía térmica es la energía que cede un cuerpo a una determinada temperatura a otro que está más frío.

La energía térmica interviene en un sinfín de procesos de nuestra vida cotidiana, como cocinar la comida, calentar una bebida, ducharnos con agua caliente, calentarnos con un radiador...

Para todos estos procesos necesitamos fuentes de calor: un quemador de gas, un fuego de leña, un calentador eléctrico...

En este tema estudiaremos qué es el calor y lo distinguiremos del concepto de temperatura. También veremos cuáles son los efectos del calor sobre los cuerpos (aumento de la temperatura y dilatación) y cómo se propaga.

¿Qué sabemos?

- Cita el nombre de cinco fuentes de calor.
- ¿Qué tipo de energía se transforma en calor en un fuego de leña?
- ¿Cómo funciona un radiador?
- ¿Qué combustible suele utilizarse en las cocinas?
- ¿Para qué sirve un termómetro?
- ¿Por qué los mangos y las asas de los utensilios de cocina acostumbran a fabricarse con plástico?

¿Qué aprenderemos?

- Qué son el calor y la temperatura.
- Qué efectos tiene el calor sobre los cuerpos.
- De qué factores depende el aumento de temperatura de un cuerpo.
- De qué formas se propaga el calor.
- Qué materiales transmiten el calor y cuáles no.

1 Calor y temperatura

1.1. El calor

Las partículas que forman la materia almacenan energía. Esta energía puede pasar de unos cuerpos a otros [fig. 1].

> A la energía que se transfiere desde los cuerpos calientes a los cuerpos fríos se la llama **calor**.

El calor también se denomina **energía térmica**. Hay que tener en cuenta que:

- No puede haber transferencia de energía en forma de calor, de los cuerpos fríos a los que están más calientes.
- Los cuerpos fríos no *dan frío*, sino que *absorben calor*.

La diferencia térmica entre un cuerpo caliente y otro frío está en su interior.

Todas las partículas que forman los cuerpos tienen **energía interna**; las que pertenecen a un cuerpo caliente tienen mayor energía interna que las que pertenecen a un cuerpo más frío.

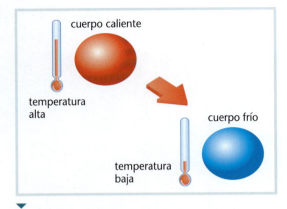

Fig. 1 Transferencia de calor de un cuerpo caliente a otro cuerpo más frío. Cuando un cuerpo frío absorbe calor, lo invierte en incrementar la energía interna de sus partículas.

¿Qué es la temperatura?

> Para tener idea de cuánta energía interna tiene un cuerpo, medimos su *temperatura*.

> La **temperatura** es un indicador de la energía interna y la velocidad que tienen las partículas de un cuerpo.

Si tenemos dos vasos iguales, A y B, con la misma cantidad de agua, aquel al que suministremos más calor tendrá mayor temperatura, y sus moléculas, mayor energía y velocidad.

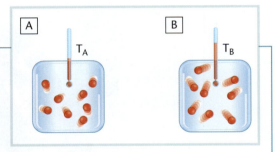

Las partículas de B tienen más energía y velocidad que las de A. Por tanto, la temperatura de B es mayor: $T_B > T_A$.

Equilibrio térmico

En general, si se ponen en contacto un cuerpo caliente y otro que está más frío, se transmite calor desde el cuerpo caliente hacia el frío hasta que ambos tienen la misma temperatura.

En este punto se dice que ambos cuerpos han alcanzado el **equilibrio térmico**. La temperatura de los dos cuerpos, que es la misma, se denomina **temperatura de equilibrio**.

Medida de la temperatura

El **termómetro** es el aparato utilizado para medir la temperatura de los cuerpos. Actualmente la mayoría de los termómetros son *digitales*, aunque también se usan termómetros de *alcohol*.

El termómetro se pone en contacto con el objeto (sólido, líquido o gas) cuya temperatura deseamos medir, hasta que alcanza el equilibrio térmico e indica la temperatura.

Cero absoluto

Se puede extraer energía térmica de un cuerpo y enfriarlo, como hacen los frigoríficos con los alimentos y las bebidas.

Esta reducción en la temperatura de un cuerpo tiene un límite, es decir, hay una temperatura a partir de la cual ya no se puede bajar más: −273 °C, el llamado **cero absoluto**.

@ **Amplía en la Red...**

Aprender más sobre el calor y la temperatura en:
www.tiching.com/64763

LAS ESCALAS TERMOMÉTRICAS

Calibración de la escala

La escala en la que se lee la temperatura en los termómetros puede estar calibrada de diferentes maneras. En general, se establecen unos *puntos de referencia* (fenómenos físicos constantes como la fusión del hielo y la ebullición del agua) y la distancia entre ellos se divide en **grados**.

A continuación puedes ver las tres escalas más conocidas.

Escala Celsius

El cero de la **escala Celsius**, 0 °C, se corresponde con la temperatura a la que funde el hielo, mientras que el cien, 100 °C, se corresponde con la temperatura de ebullición del agua.

La distancia entre los puntos correspondientes a estas dos temperaturas se divide en 100 partes iguales; cada una correspondiente a 1 °C.

La escala Celsius se utiliza en Europa y en muchos otros lugares.

@ Amplía en la Red...

Practica con las escalas termométricas en:
www.tiching.com/64765

Escala Fahrenheit

En la **escala Fahrenheit**, la temperatura de fusión del hielo corresponde a 32 °F, y la de ebullición del agua, a 212 °F. Entre un punto de referencia y otro hay una diferencia de 180 °F.

Los grados Fahrenheit no son equivalentes a los grados Celsius.

La escala Fahrenheit se emplea en Inglaterra, Estados Unidos, Canadá y Australia.

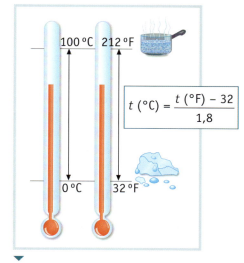

Comparación de las escalas termométricas Celsius y Fahrenheit.

Escala Kelvin

La **escala Kelvin** es la utilizada por los científicos, y su unidad es el **kelvin** (K).

1 K equivale a 1 °C, y la fusión del hielo se produce a 273 K.

Así: $T(K) = t(°C) + 273$

Ejemplo

1. ¿A qué temperatura en grados Celsius corresponden 50 °F? ¿Y en kelvins?

   La conversión se realiza aplicando las siguientes fórmulas:

   $t(°C) = \dfrac{t(°F) - 32}{1,8} \Rightarrow t(°C) = \dfrac{50 - 32}{1,8} = 10\,°C$

   $T(K) = t(°C) + 273 \Rightarrow T(K) = (10 + 273)\,K = 283\,K$

Actividades

1. ✓ ¿Qué diferencia hay entre energía térmica y calor? ¿Cuál de las dos usamos en la vida diaria?

2. ¿Hay transferencia de frío entre los objetos fríos y los calientes?

3. ¿Qué partículas tienen más energía interna, las de un cuerpo caliente o las de uno frío?

4. Entre dos vasos con igual cantidad de agua a diferente temperatura, ¿cuál tiene mayor energía térmica y cuál mayor energía interna?

5. ✓ En la escala Celsius, ¿a qué temperatura funde el hielo y a cuál hierve el agua? ¿Cuántos grados Fahrenheit hay entre estos dos puntos de referencia?

Calor y temperatura 199

2 Efectos del calor sobre los cuerpos

2.1. Aumento de la temperatura

Cuando se suministra calor a un cuerpo, sus partículas adquieren adquieren más energía interna y aumenta su temperatura.

Este aumento dependerá del *número de partículas* del cuerpo (su masa), de *cuánta energía le suministremos* (el tiempo de calentamiento) y del *tipo de sustancia* que lo forme fig. 1.

▶ **Masa del cuerpo**

> Cuanto mayor es la masa del cuerpo que se va a calentar, mayor es el número de partículas a las que hay que aumentar su velocidad y, por tanto, mayor el calor que debemos comunicarle.
>
> Por ejemplo, el agua de una piscina pequeña estará, al final del día, a mayor temperatura que el agua de una grande situada en sus proximidades, aunque ambas hayan recibido las mismas horas de Sol.

Fig. 1 En la playa, con el calor del Sol, la arena se calienta y se enfría antes que el agua.

▶ **Tiempo que dura el calentamiento**

> Cuanto mayor sea el tiempo de calentamiento, más energía almacena el cuerpo y más energía interna tendrán sus partículas.
>
> Por tanto, el agua de un recipiente estará más caliente si la calentamos durante 5 min que si la calentamos solo 1 min.

▶ **Tipo de sustancia**

> El **calor específico** es la cantidad de energía que se debe suministrar a 1 kg de sustancia para que aumente 1 K su temperatura.

La unidad del calor específico en el SI es el julio por kilogramo y por kelvin.

Cuanto mayor es el calor específico, más calor necesita la misma cantidad de sustancia para aumentar su temperatura.

Por ejemplo, si calentamos durante el mismo tiempo masas iguales de agua, aluminio y vidrio, el vidrio estará más caliente que el aluminio, y este estará más caliente que el agua.

Tal como se observa en la tabla de calores específicos, el agua es la que tiene este valor más elevado:

CALORES ESPECÍFICOS

Sustancia	cobre	aluminio	agua del mar	vidrio	arena	agua
Calor específico	385	903	3 957	840	835	4 180

Para la misma masa de agua y de aceite, el aumento de temperatura es mucho mayor en el aceite porque su calor específico es menor.

@ Amplía en la Red...

Trabaja con el calor específico de las sustancias en: www.tiching.com/64772

OBTENER CONCLUSIONES DE UNA EXPERIENCIA

Queremos comprobar experimentalmente los factores que influyen en el aumento de la temperatura. Para ello realizamos en el laboratorio tres experiencias interrelacionadas (a, b y c).

Los resultados obtenidos en cada experiencia permiten verificar los tres factores de los que depende el aumento de temperatura con el calor.

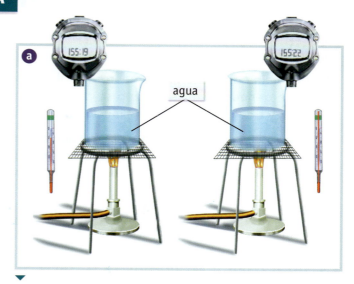

Calentamos dos masas iguales de agua, durante cierto tiempo, distinto para cada una. Se observa que la masa calentada más tiempo, aumenta más su temperatura.

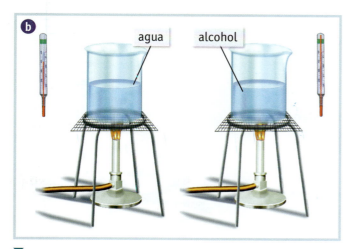

Se toman dos recipientes, uno con agua y otro con alcohol (igual masa en ambos casos). Con la misma cantidad de calor, la temperatura del agua ha aumentado menos que la del alcohol.

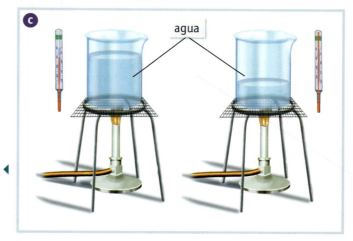

Tomamos, en dos recipientes, dos masas diferentes de agua. Si suministramos el mismo calor a ambos recipientes, veremos que aumentará más su temperatura el recipiente que contiene menor masa de agua.

Actividades

1. Indica de qué depende el aumento de temperatura de un cuerpo.

2. ¿Qué es el *calor específico* de una sustancia? ¿Cómo influye en la variación de la temperatura de un cuerpo? Pon un ejemplo.

3. Si suministramos la misma cantidad de calor, ¿qué se calienta antes, 1 kg de agua del mar o 1 kg de arena? Justifica tu respuesta. ¿Cómo afecta esto a la playa en verano?

4. ¿Qué sustancia se calienta antes en la cocina, el agua o el vidrio?

5. Calentamos durante 10 minutos una misma masa de aluminio, de cobre, de vidrio y de arena. ¿Cuál de esas masas adquiere más energía interna?

6. ¿Qué ocurre cuando calentamos la misma cantidad de una misma sustancia durante distinto tiempo? Razona tu respuesta.

7. Si dos sustancias son distintas (diferente calor específico), ¿cuál aumenta más su temperatura cuando se le suministra el mismo calor? Si ahora las masas de la misma sustancia son distintas, ¿cuál eleva más su temperatura con el mismo calor?

Calor y temperatura 201

2 Efectos del calor sobre los cuerpos

2.2. Dilatación

Se denomina **dilatación** al aumento de volumen de una sustancia. En general, este fenómeno se produce al calentar la sustancia, y trae consigo una disminución de su densidad.

Las partículas que forman una sustancia aumentan su agitación al suministrarles calor; por eso necesitan más espacio donde moverse y así aumenta el volumen del objeto del que forman parte.

El efecto contrario, es decir, la reducción del volumen por enfriamiento, se denomina **contracción**.

2.3. Dilatación y estados de la materia

Cuanto mayor sea la movilidad de las partículas de una sustancia, más fácil será que esta aumente de volumen. Por esta razón, el efecto de dilatación es mayor en los gases que en los líquidos, y es muy pequeño en los sólidos.

A pesar de que en los sólidos la dilatación es pequeña, sus efectos producen fenómenos geológicos, como la erosión de las rocas, y pueden causar serios problemas en la construcción.

Si no se calculan bien sus efectos, las dilataciones y contracciones producidas por diferencias de temperatura pueden llegar a dañar la estructura de edificios y puentes. Para evitarlo, se colocan *juntas de dilatación* fig. 1.

Fig. 1 En los puentes se dejan *juntas de dilatación* entre bloque y bloque, que permiten la dilatación de los materiales por el calor sin afectar a la estructura de la obra.

▸ Dilatación de sólidos, líquidos y gases

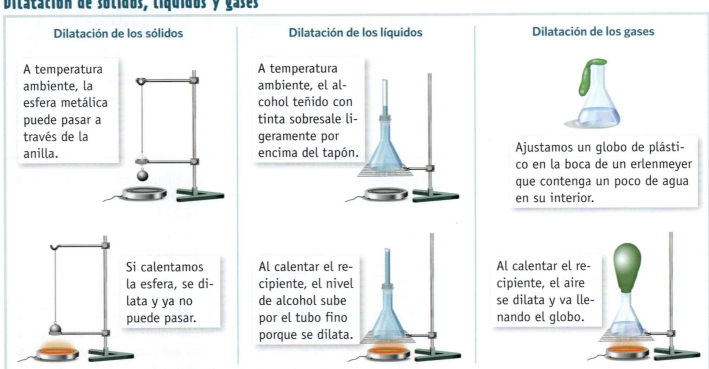

Dilatación de los sólidos

A temperatura ambiente, la esfera metálica puede pasar a través de la anilla.

Si calentamos la esfera, se dilata y ya no puede pasar.

Dilatación de los líquidos

A temperatura ambiente, el alcohol teñido con tinta sobresale ligeramente por encima del tapón.

Al calentar el recipiente, el nivel de alcohol sube por el tubo fino porque se dilata.

Dilatación de los gases

Ajustamos un globo de plástico en la boca de un erlenmeyer que contenga un poco de agua en su interior.

Al calentar el recipiente, el aire se dilata y va llenando el globo.

2.4. Dilatación anómala del agua

Como hemos visto, casi todas las sustancias aumentan de tamaño al calentarlas y se contraen al enfriarlas. Sin embargo, al agua líquida entre 0 °C a 4 °C y al hielo les ocurre lo contrario.

Así, cuando el agua se hiela a 0 °C, pasa a ocupar más volumen que el agua líquida inicial. Al aumentar el volumen, disminuye su densidad y flota.

El volumen del agua líquida disminuye cuando la calentamos de 0 °C a 4 °C. A partir de los 4 °C, el comportamiento es normal. Por este motivo, el agua más densa es la que está a 4 °C.

Los icebergs flotan en el agua del mar. Una octava parte de su volumen queda fuera del agua, y el resto, bajo la superficie.

▶ **Consecuencias de esta propiedad**

La dilatación anómala del agua tiene importantes repercusiones en la naturaleza:

- El agua del mar o de los ríos y lagos se hiela y flota. La capa de hielo que se forma en la superficie actúa de aislante del agua más profunda e impide que esta se hiele y que mueran peces y plantas marinas.

- Los icebergs flotan en el agua del mar porque la densidad del hielo es menor.

- Las tuberías llenas de agua retenida se hielan si la temperatura baja de 0 °C. Cuando esto ocurre, el agua aumenta su volumen, presiona las tuberías y las rompe.

- Las rocas se fragmentan porque el agua filtrada, al helarse, actúa como una cuña que las rompe y las va erosionando.

@ **Amplía en la Red...**

Comprueba la dilatación anómala del agua al solidificar en: www.tiching.com/64779

▶ Si introducimos en el congelador una botella de plástico llena de agua, esta se romperá o se deformará cuando se hiele.

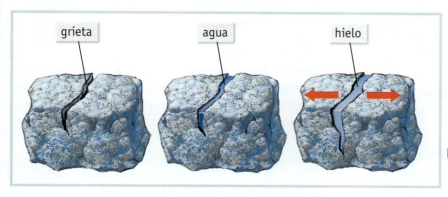

▶ Cuando se hiela el agua filtrada entre las rocas, aumenta de volumen y actúa como una cuña hasta romperlas.

Actividades

1. ✓ Explica por qué se dilatan la mayoría de las sustancias al calentarlas.

2. ¿Cuál es el efecto contrario a la dilatación?

3. Describe y razona si el hielo y el agua también se dilatan al calentarse.

4. Cita ejemplos de hechos que ocurran a causa de la dilatación anómala del agua.

5. ✓ 🌐 ¿A qué se denomina *juntas de dilatación*?

6. 🅰 🌐 Recuerda el funcionamiento de los globos aerostáticos y explica por qué flotan en el aire.

Calor y temperatura 203

3 Propagación del calor

El calor se propaga de un lugar a otro por medio de tres mecanismos: la **conducción**, la **convección** y la **radiación**.

▸ Conducción

El calor se transmite por **conducción** a través de las sustancias sólidas. En esta transmisión de calor no hay movimiento de materia.

Esta es la causa, por ejemplo, de que nos quememos al coger con la mano una cuchara metálica introducida en un cazo puesto al fuego.

Las partículas de la cuchara en contacto con el cazo reciben calor y adquieren mayor movilidad. Esta movilidad se va transmitiendo a las partículas que se encuentran en su proximidad, de forma que el calor acaba propagándose por toda la cuchara.

Los **metales** son los materiales que tienen más capacidad para transmitir el calor por conducción.

el fondo metálico conduce el calor

▸ Convección

La **convección** es la transmisión de calor por medio del transporte de materia. Es la manera como se transmite el calor en los líquidos y en los gases.

El agua que se calienta en un cazo es un ejemplo del proceso de convección. El agua de la parte inferior del cazo (que está en contacto directo con la fuente de calor) es la primera en calentarse. Como consecuencia de ello, esta masa de agua se dilata, disminuye su densidad y sube, y su lugar es ocupado por agua fría.

Así se forman las **corrientes de convección** de agua caliente que sube y de agua fría que desciende hasta calentarse toda la masa.

En la naturaleza encontramos diversos ejemplos de convección, como las corrientes marinas y los vientos.

LAS BRISAS MARINAS

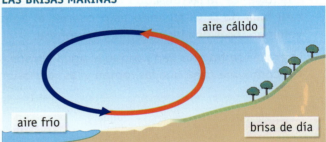

aire cálido
aire frío
brisa de día

Durante el día, la arena se calienta antes que el agua. El aire situado sobre la arena, al calentarse, disminuye su densidad y sube, dejando espacio para que entre aire frío procedente del mar.

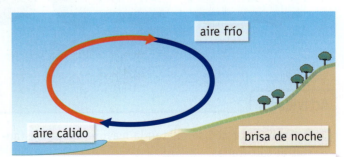

aire frío
aire cálido
brisa de noche

Por la noche el proceso es el opuesto. La arena se enfría antes que el agua y el aire situado sobre el mar es el que sube dejando hueco al que viene de la tierra.

movimiento de las partículas (corrientes de convección)

Radiación

La propagación del calor por **radiación** no necesita el soporte de ningún medio material ni transporte de materia para realizarse.

Por ejemplo, el Sol emite su energía en forma de radiación, capaz de atravesar el espacio (mayoritariamente vacío).

El 99% de su emisión es luz visible, radiación infrarroja y radiación ultravioleta.

Radiación infrarroja emiten también, aunque no la veamos, todos los objetos calientes (un radiador, una plancha, una hoguera, etc.).

La radiación ultavioleta es muy energética. Por este motivo debemos utilizar crema solar para evitar que nos dañe la piel.

Las estufas de infrarrojos calientan porque emiten radiación infrarroja.

La radiación solar llega a la Tierra a través del vacío.

Corrientes de convección

1. Calienta agua dentro de un recipiente de vidrio con virutas de algún material ligero y de color oscuro. Observa cómo se mueven con las corrientes de convección en el agua.

2. Encima del mismo recipiente con agua calentándose, coloca, sosteniéndola con la mano, una tira de papel fino cortada en espiral. Las corrientes de convección del aire harán girar el papel.

Puedes llevar a cabo una experiencia similar si en vez de poner la tira de papel encima de un cazo con agua caliente la pones encima de un radiador en funcionamiento.

@ Amplía en la Red...

Observa los mecanismos de transferencia de calor en: www.tiching.com/64791

Actividades

1. ¿Por qué asciende el aire caliente y deja paso al aire frío?

2. Las brisas marinas no soplan siempre en la misma dirección. Indica hacia dónde lo hacen, según sea de día o de noche.

3. ¿Es fría o caliente la brisa marina durante el día? ¿Y durante la noche? Explica por qué.

4. Ponemos un cazo metálico con agua a calentar. Describe qué procesos ocurren hasta que toda el agua del cazo hierve.

5. Explica, con un ejemplo, si hace falta que haya aire para que se produzca la transmisión de calor por radiación.

6. ¿Por qué llamamos *convector* a un aparato que emite aire caliente en una habitación? ¿Qué diferencia hay entre este aparato y un radiador?

Calor y temperatura 205

4 Materiales conductores y aislantes del calor

Cuando sujetamos una sartén por el mango mientras cocinamos, nos interesa que dicho mango no nos transmita el calor para evitar quemarnos. En cambio, el material de la sartén debe transmitir la energía térmica producida por los fogones.

A CONDUCTORES Y AISLANTES TÉRMICOS

Si sujetamos una varilla metálica con la mano y la calentamos por un extremo, notaremos enseguida que el punto por donde la cogemos empieza a calentarse. El calor se ha transmitido por la varilla. Para no quemarnos deberíamos usar, por ejemplo, un guante de cocina.

Hay materiales en los que el calor se puede propagar por conducción, los llamados **conductores** del calor. Los materiales que no dejan pasar el calor se llaman **no conductores** o **aislantes**.

Los metales son buenos conductores del calor debido a su estructura interna formada por partículas ordenadas. La madera, el plástico, el corcho o el aire son ejemplos de materiales aislantes.

Utilizamos los conductores en utensilios cuya función es transmitir calor, mientras que usamos los aislantes para evitar que el calor se transmita.

▼ El soldador se calienta por un extremo y por el otro tiene un mango aislante para que no queme al cogerlo.

▶ Conductores térmicos: *a*, *b*, *c* y *d*; aislantes: *e*, *f* y *g*.

B LOS TERMOS

Los termos son recipientes donde se guardan líquidos y alimentos que deben conservar durante muchas horas su temperatura. Constan de un *recipiente interior* rodeado de otro *exterior*, de forma que entre ellos se ha hecho el *vacío*, que es un gran aislante.

El calor del recipiente interior del termo no se pierde porque no puede atravesar el *vacío* que existe entre ambas paredes, ya que no se puede producir ni conducción ni convección.

La radiación que emite el recipiente interior del termo tampoco sale al exterior, porque se refleja en una capa reflectante que tiene por dentro el recipiente exterior. Para minimizar las pérdidas de calor, la *tapa* debe estar muy bien aislada y cerrar perfectamente.

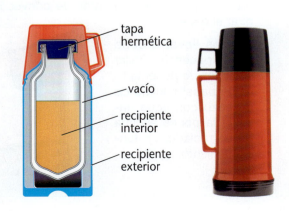

DESCUBRE

C AISLAMIENTO TÉRMICO DE VIVIENDAS

¿POR QUÉ HAY QUE AISLAR LAS VIVIENDAS?

Al calentar una vivienda en invierno se produce un desequilibrio térmico entre el interior, donde el aire se vuelve cálido, y el exterior, a menor temperatura.

Para minimizar la transmisión de calor entre el interior y el exterior de las viviendas, estas deben estar bien aisladas térmicamente. Esto puede suponer un gran ahorro energético.

En verano se produce un desequilibrio térmico similar entre el calor exterior y el fresco del interior de los edificios que disponen de aire acondicionado.

TÉCNICAS DE AISLAMIENTO

Las ventanas y las puertas que dan al exterior de la casa se suelen fabricar con doble cristal, de forma que se crea una cámara interior de aire, que es muy aislante.

Para aislar paredes y techos, estos deben construirse con un espacio interior en el que se introduce un material aislante.

Las ventanas y las puertas que no se ajustan bien dejan rendijas por las que puede entrar aire frío y que, por tanto, deben taparse con burletes de material aislante.

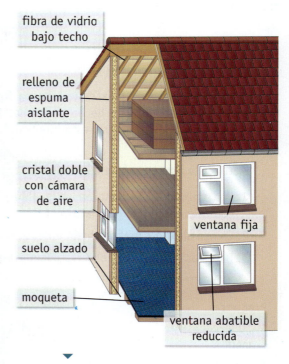

Ejemplo de vivienda bien aislada.

Instalación de aislante térmico en una pared.

@ **Amplía en la Red...**

Aprende más sobre el ahorro energético en las viviendas en: www.tiching.com/64798

Aislamiento en el tejado de una vivienda.

Actividades

1. Indica si son conductores del calor o aislantes los siguientes materiales:

   a. Acero
   b. Hierro
   c. Madera
   d. Tela
   e. Poliestireno expandido
   f. Plástico
   g. Corcho
   h. Vacío

2. Haz una lista de los objetos conductores del calor y de los aislantes que hay en la cocina de tu casa.

3. ¿Por qué se deben aislar térmicamente las viviendas? Pon ejemplos de las medidas que deben tomarse.

4. Explica con tus palabras cómo están fabricados los termos y cuál es su utilidad.

Calor y temperatura 207

5 Observación de los efectos del calor

LABORATORIO

En todos los procesos en que un objeto cambia su temperatura hay una transmisión de calor. En muchas ocasiones, dicha transferecia de calor tiene efectos visibles.

A. COMPROBAR UNA HIPÓTESIS

Ponernos un jersey de lana es una buena forma de entrar en calor cuando hace frío. De este hecho podríamos afirmar que la lana calienta mucho. Pero, ¿es cierta esta hipótesis?

Material
- Guante de lana
- Dos cubitos de hielo
- Dos platos

Efecto de la lana en la transmisión de calor

1. Pon un cubito de hielo en un guante de lana y colócalo en uno de los platos.
2. Coloca el otro cubito de hielo en el otro plato.
3. Deja pasar una hora y observa cómo están los cubitos.

Preguntas

1. ¿Qué cubito de hielo se ha derretido más rapidamente?
2. ¿Era cierta la hipótesis inicial?
3. ¿Cómo explicas el resultado obtenido?

B. PRODUCIR CAMBIOS DE VOLUMEN EN LÍQUIDOS

Material
- Matraz
- Agua
- Colorante
- Tapón de corcho con orificio
- Tubo fino de vidrio
- Recipiente con hielo
- Bunsen, trípode y rejilla
- Termómetro de alcohol

Contracción y dilatación de un líquido

1. En un matraz redondo, introduce agua y un poco de colorante. Seguidamente, coloca el tapón con el tubo fino en su interior.

   A continuación, sitúa todo este montaje dentro del recipiente con hielo.

   Observarás que, al enfriarse, el nivel de la columna del agua coloreada desciende. Esto es debido a que el agua se contrae al enfriarse.

2. Después, retira el matraz del recipiente con hielo y ponlo a calentar.

   Podrás observar que la columna del agua coloreada asciende al calentarse debido a que se dilata.

3. Comprueba que un termómetro de alcohol basa su funcionamiento en estos mismos hechos.

   Explica cómo crees que se ha dibujado en ellos la escala de temperatura.

LABORATORIO

C. CAMBIAR EL VOLUMEN DE LOS SÓLIDOS

Dilatación de un sólido

Material
- Anillo de Gravesande, que es un conjunto de un anillo y una bola metálicos
- Mechero Bunsen

1. Comprueba que a temperatura ambiente la bola pasa a través del anillo.
2. Calienta la bola y observa que ya no pasa a través del anillo debido a que el metal de la bola se ha dilatado al calentarse.

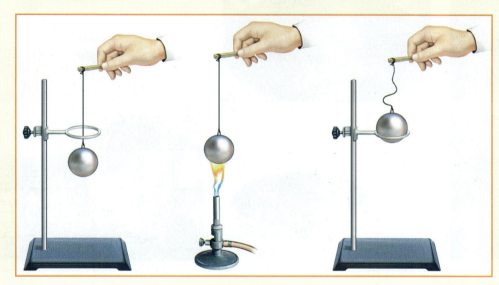

D. AUMENTAR DE VOLUMEN DEL AGUA AL PASAR A HIELO

Dilatación anómala del agua

Material
- Cubitos de hielo
- Recipiente con agua
- Botella pequeña de plástico

1. Introduce algunos cubitos en el recipiente con agua. Observa que flotan, lo que quiere decir que el hielo es menos denso que el agua. Esos cubitos son pequeños icebergs.

   Al enfriar el agua a 0 °C y pasar al estado sólido, ha aumentado su volumen.

2. Llena totalmente de agua la botella y ciérrala. Ponla en el congelador y, al cabo de unas horas, extráela. Observarás que la botella se ha roto porque el agua ha aumentado su volumen al enfriarse.

Calor y temperatura 209

Taller de ciencia • Taller de ciencia • Taller d

1 Analiza unas imágenes. Efectos de la propagación del calor

Comenta las imágenes siguientes teniendo en cuenta lo que has aprendido:

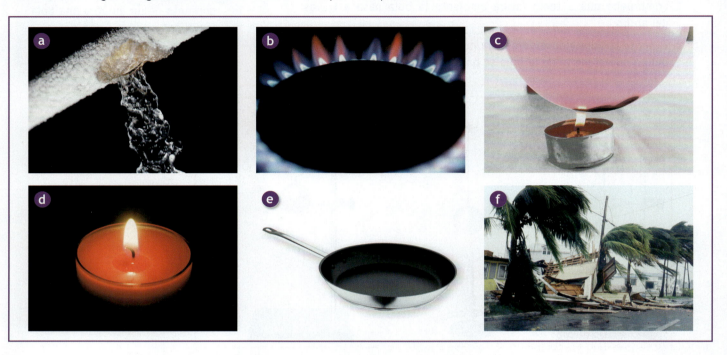

2 Analiza un texto. El plumón de las aves, excelente aislante térmico

Como todos sabemos, las aves tienen plumas que les sirven de aislante térmico frente al frío del invierno y del que experimentan cuando vuelan a grandes alturas; asimismo, les aíslan del agua.

Esta propiedad aislante hace que en la actualidad se usen plumas para rellenar ropa de cama y de vestir.

Distinguimos entre *plumas* y *plumón*:

- Las **plumas** están en la capa externa de la piel de las aves y disponen de una varilla central dura, que antiguamente se utilizaba para escribir mojándola con tinta.
- El **plumón** lo tienen las aves en el pecho y en el cuello. No tiene ninguna parte dura, es muy suave, retiene el aire porque es muy hueco, aísla a las aves del frío y les ayuda a flotar.

El plumón, por su suavidad, se utiliza preferentemente como relleno para aislarnos del frío. El aislamiento de este material se basa en impedir que nuestro cuerpo pierda el calor que contiene; es decir, estas prendas no calientan, sino que impiden que el calor se pierda.

a) Explica el significado de las palabras: *aislante térmico, ropa de cama y de vestir, suavidad, hueco, relleno*.

b) Explica con tus propias palabras el origen y la utilidad del plumón.

210 Tema 11

3 Calcula y responde. Escalas de temperatura

Un estadounidense viaja a España y se asombra de que la temperatura que lee en los termómetros de la calle sea tan baja, hasta que se da cuenta de que está medida en grados Celsius. Para entender una temperatura de 25 °C, debe transformarlos a Fahrenheit.

Sabemos que: $t\ (°C) = \dfrac{t\ (°F) - 32}{1{,}8} \Rightarrow t\ (°F) = t\ (°C) \cdot 1{,}8 + 32$

Calcula ahora:

a) La temperatura que, en grados Fahrenheit, equivale a la de 25 °C. ¿Y a la de 39 °C?

b) Si se encuentra enfermo y su termómetro indica 102,2 °F, ¿qué temperatura deberá decir que tiene cuando vaya a un hospital español?

c) Recuerda que para expresar la temperatura en kelvins solo debe sumarse 273 a la temperatura en grados Celsius. ¿A qué temperatura en kelvins equivalen 25 °C? ¿Y 39 °C?

4 Analiza un esquema. Dilatación anómala del agua

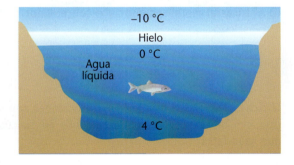

El esquema de la derecha ilustra lo que ocurre en la realidad en el agua de lagos y ríos cuando las temperaturas bajan de 0 °C. Recordando cómo varía la densidad del agua y su dilatación anómala, responde:

a) ¿Por qué se ha formado la capa de hielo?

b) ¿Por qué esta capa de hielo flota en el agua?

c) ¿Por qué pone *agua líquida*? ¿Cómo podríamos llamar también al hielo?

d) ¿Por qué en la parte inferior la temperatura del agua líquida es de 4 °C y en la superior de 0 °C?

5 Lee y responde. Formación de los icebergs

Los icebergs son trozos de hielo desprendidos de la parte frontal de los glaciares.

Son de muy diversos tamaños y formas, y flotan en el agua porque su densidad es inferior a la de esta, como ocurre con los cubitos de hielo en un vaso de agua. La parte que se ve sobre el agua es solo la octava parte del volumen total del iceberg.

En algunas ocasiones pueden llegar a una playa empujados por el oleaje del mar. En esos casos se pueden apreciar de cerca y observar cómo de diferentes pueden ser sus formas; unas veces se aprecia su estructura cristalina y otras tienen forma redondeada por efecto del movimiento del agua del mar y la temperatura.

a) ¿Qué son los icebergs?

b) ¿Por qué flotan en el agua del mar?

c) ¿Qué fracción del iceberg está sumergida?

d) Busca información sobre algún accidente causado por un iceberg y descríbelo.

Calor y temperatura **211**

Taller de ciencia • Taller de ciencia • Taller d

6 Analiza un experimento. La sensación térmica

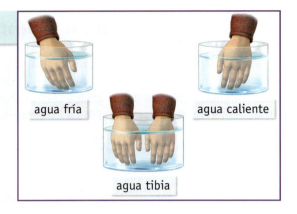

agua fría
agua caliente
agua tibia

Observa los tres recipientes de agua del experimento y fíjate en la temperatura de cada uno de ellos. Una persona ha tenido las manos durante dos minutos sumergidas en el agua de los recipientes de los extremos (una mano en cada recipiente). Observa dónde tiene introducidas ahora las manos y responde a las siguientes preguntas:

a) ¿Qué sentirá en cada mano?

b) ¿Por qué decimos que nuestra sensación del calor es relativa?

c) ¿Qué debemos hacer para medir científicamente el calor?

7 Observa y contesta. Transmisión del calor

Observa el dibujo y contesta:

a) El manillar de la bicicleta consta de una estructura metálica y empuñaduras de goma. ¿Cuál de las dos partes es conductora del calor y cuál es aislante?

b) ¿Están a diferente temperatura?

c) Al tocarlas, ¿cuál nos parece más fría?

d) Al tocar el metal, ¿qué ocurre con el calor de tu mano? ¿Y al tocar el plástico?

8 Razona. ¿Verdadero o falso?

Indica cuáles de las siguientes afirmaciones son verdaderas y cuáles falsas. Escribe correctamente en tu cuaderno las que sean falsas.

– El calor pasa de los cuerpos calientes a los fríos.

– Los objetos calientes tienen menos energía interna que los fríos.

– Si el agua del mar está a la misma temperatura que el agua de una piscina, ambas tienen la misma energía interna.

– Todas las sustancias aumentan de volumen al calentarlas.

– Teniendo la misma cantidad de cobre que de aluminio, se enfría antes el aluminio.

9 Relaciona. Calor y temperatura

Copia y une en tu cuaderno cada par de conceptos que se relacionen:

- Calor
- Termómetro
- Equilibrio térmico
- Dilatación
- Celsius
- Fahrenheit
- Aluminio y acero
- Madera y corcho
- Calor del Sol

- Igual temperatura
- Aumento de volumen
- Aislantes
- Energía térmica
- Inglaterra
- Radiación
- Europa
- Conductores
- Temperatura

212 Tema 11

Síntesis. Calor y temperatura

Calor y temperatura

- El **calor** o **energía térmica** es la energía que se transfiere desde los cuerpos calientes a los cuerpos fríos.
- La **temperatura** es un indicador de la **energía interna** y de la velocidad que tienen las partículas de un cuerpo.
- Dos cuerpos están en **equilibrio térmico** si tienen la misma temperatura, llamada **temperatura de equilibrio**.

Cambios de temperatura

- Los factores de los que depende el aumento de temperatura son: la masa del cuerpo, el tiempo de calentamiento y el tipo de sustancia. El **calor específico** es energía por unidad de masa que debe comunicarse a una sustancia para que aumente un grado su temperatura.
- Se denomina **dilatación** al aumento de volumen que experimenta una sustancia al calentarla. Se denomina **contracción** al efecto contrario.
- A diferencia de la mayoría de sustancias, cuando el agua se congela ocupa más volumen que en estado líquido, por lo que disminuye su densidad y flota.

Propagación del calor

- El calor se propaga por tres mecanismos: por **conducción** a través de los sólidos, sin movimiento de materia; por **convección** en los líquidos y gases, gracias al transporte de materia; y por **radiación**, sin necesidad de ningún medio material.
- Algunos materiales son **conductores** del calor y otros, **aislantes**.

1 CONSOLIDA LO APRENDIDO

a) ¿Qué es el calor? ¿Qué otro nombre se le da?

b) ¿En qué emplea un objeto el calor absorbido?

c) ¿Cómo se define el concepto de temperatura?

d) ¿Qué entendemos por equilibrio térmico?

e) ¿Qué escalas de temperatura existen? ¿Quién utiliza cada una de ellas?

f) ¿De qué factores depende el aumento de temperatura que experimenta un cuerpo al calentarlo?

g) ¿Qué es el calor específico de una sustancia?

h) ¿En qué consiste la dilatación? ¿Y la contracción?

i) ¿Por qué decimos que la dilatación del agua es anómala? ¿Qué consecuencias tiene este hecho?

j) ¿De qué tres formas se propaga el calor? ¿Qué características tiene cada una de ellas?

k) ¿Qué es la radiación infrarroja?

l) ¿Qué diferencia hay entre los materiales conductores del calor y los aislantes?

2 DEFINE CONCEPTOS CLAVE

- Calor
- Temperatura
- Equilibrio
- Calor específico
- Dilatación
- Contracción
- Conducción
- Convección
- Radiación

RESPONDE A LA PREGUNTA INICIAL

Después de haber estudiado este tema, puedes responder a la pregunta inicial:

¿Cómo cambian su temperatura los objetos?

Redacta un texto de entre 10 y 20 líneas que resuma las conclusiones a las que hayas llegado.

AFIANZA LO APRENDIDO

Para consolidar los conocimientos adquiridos, puedes efectuar las actividades propuestas en:

www.tiching.com/744960

Están preparadas en un documento en formato pdf que puedes descargarte. Al final, hallarás las soluciones.

Calor y temperatura **213**

12 La energía: obtención y consumo
¿De dónde obtenemos la energía?

Plataforma solar de Almería (desierto de Tabernas, Almería). Las fuentes de energía renovables ayudan a reducir el consumo de energías contaminantes.

El Sol es la principal fuente de energía de la Tierra. Sin él no habría vida, ni existirían la mayoría de las demás fuentes de energía.

Las sociedades humanas están ligadas a la energía y sus transformaciones. Nuestra forma de vivir actual nos hace depender totalmente de la energía eléctrica y de los carburantes: gasolina, gasóleo…

Sin electricidad, sin medios de transporte y sin medios de comunicación social nuestra manera de vivir sufriría una transformación absoluta.

El gran inconveniente de esta dependencia de la energía es que la mayoría de los recursos energéticos actuales se agotan y, además, contaminan.

Para reducir este grave problema debemos potenciar el uso de fuentes de energía renovables y limpias, y frenar el gasto energético.

¿Qué sabemos?

- Escribe una lista de aparatos que uses habitualmente y que funcionen con energía eléctrica.
- ¿Dónde se produce la energía eléctrica? Cita el nombre de cinco fuentes de energía diferentes.
- ¿Por qué es importante reducir el consumo de energía?
- ¿Algún día se terminará el petróleo? ¿Y el carbón?
- ¿Qué sabes sobre la energía solar?

¿Qué aprenderemos?

- Para qué necesitamos energía.
- Qué tipos de energía necesitamos.
- Cómo se genera la electricidad.
- Cuáles son las fuentes de energía, sus ventajas y sus inconvenientes.
- Por qué debemos ahorrar energía y cómo podemos hacerlo.

1 ¿De dónde viene y para qué sirve la energía?

1.1. Fuentes de energía

Necesitas energía para correr, jugar, estudiar, e incluso para dormir.

También necesitamos energía para que funcionen los coches, los aviones [fig. 1]... y aparatos eléctricos como la lavadora o el ordenador.

> Las **fuentes de energía** son los recursos que el ser humano necesita para producir energía.

Son fuentes de energía, por ejemplo, el Sol, el aire, los alimentos...

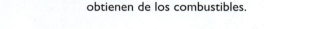

Fig. 1 Para volar, los aviones necesitan la energía que obtienen de los combustibles.

1.2. Energía para el cuerpo humano

La energía que necesita cada persona depende de las actividades que realice.

Todas las actividades tienen un desgaste energético [fig. 2]: conservar caliente el cuerpo, respirar, moverse, dormir, hablar, crecer...

Actividad	Energía (kJ) por cada minuto de actividad
Estar de pie	7
Estar sentado	6
Andar despacio	13
Andar en bici	25
Jugar al fútbol	59
Nadar	73

Fig. 2 Hacer deporte es una buena forma de consumir energía.

1.3. Energía de los combustibles

Los **combustibles** son sustancias que quemamos para producir energía. Por ejemplo:

- Si quemamos leña o carbón, podemos calentar nuestra vivienda o la comida [fig. 3].
- Los vehículos con motor de combustión queman gasolina o gasóleo para funcionar.
- Para producir electricidad, muchas centrales eléctricas queman petróleo, carbón...

Fig. 3 Al quemar madera obtenemos energía.

Actividades

1. Explica para qué actividades diarias necesitas tomar alimentos.

2. ¿Por qué algunas de las actividades que realizamos tienen más gasto energético que otras? Pon ejemplos.

LA ENERGÍA PROVIENE DEL SOL

Existen muchos tipos de energía, pero todos tienen su origen en el Sol.

Energía del viento

El viento es una corriente de aire de la atmósfera.

El aire se mueve en la atmósfera por corrientes de convección debidas a que el Sol calienta más unas zonas que otras: el aire de las zonas más cálidas tiende a subir y es reemplazado por aire de zonas más frías.

Energía de los combustibles

- La energía de la **madera** es la energía de las plantas, que procede del Sol.
- La energía del **carbón** procede de vegetales terrestres que quedaron enterrados hace millones de años y se transformaron en carbón.
- La energía del **petróleo** (del que se extraen la *gasolina* y el *gasóleo*) y del **gas natural** procede de organismos que quedaron enterrados en los fondos marinos hace también millones de años.

Energía del Sol

La energía del Sol se usa directamente en los *paneles solares*, que producen electricidad, y en los *paneles térmicos*, que almacenan calor.

Energía del agua

El agua adquiere su energía al evaporarse, lo que sucede gracias al calor del Sol dentro del *ciclo del agua*.

Observamos esta energía, por ejemplo, cuando mueve las ruedas de los molinos.

Energía de los alimentos

El origen de todas las cadenas alimentarias son las plantas: los animales se alimentan de plantas o de animales más pequeños, que a su vez se alimentan de plantas.

Y las plantas obtienen su energía del Sol gracias a la reacción de *fotosíntesis*.

Energía nuclear

El **uranio** que utilizan las centrales nucleares para producir electricidad se formó, como la mayoría de elementos químicos, en el interior de una estrella antes de existir nuestro planeta.

Actividades

3. Explica por qué sin la energía del Sol no tendríamos alimentos: verduras, fruta, huevos, carne, pescado, etc.

4. Describe por qué fue necesaria la existencia del Sol para que se formaran el carbón, el petróleo y el gas natural.

La energía: obtención y consumo **217**

2 La energía que el mundo necesita

2.1. Cambios energéticos en el mundo

Hace 150 años el ser humano solo aprovechaba la energía del agua, del viento, del carbón y de la leña.

Debido al aumento de las aplicaciones de la electricidad y a la aparición de los automóviles, a principios del siglo XX aumentó mucho la energía utilizada y surgieron nuevas fuentes de energía.

El desarrollo actual al que hemos llegado en algunos países hace imprescindible generar mucha electricidad y disponer de gran cantidad de combustibles [figs. 1 y 2].

2.2. Fuentes de energía renovables y no renovables

En función de su capacidad de regeneración, las **fuentes de energía** se clasifican en dos grandes grupos [fig. 3]:

- Fuentes de energía **no renovables**. Son aquellas fuentes de energía que una vez consumidas no pueden reponerse.

  Las fuentes de energía más utilizadas en la actualidad, el carbón, el petróleo, el gas natural y el uranio, no son renovables. En la Tierra, su cantidad es limitada y acabarán agotándose.

- Fuentes de energía **renovables.** Se trata de fuentes de energía que no se agotan porque lo que de ellas se consume se regenera, o bien se trata de fuentes prácticamente inagotables.

  Las más destacables son la energía **solar**, la energía **eólica** y la energía **hidroeléctrica**.

@ Amplía en la Red...

Aprende más sobre las fuentes de energía renovables y no renovables en:

www.tiching.com/115452 y
www.tiching.com/115453

Fig. 1 En los años cincuenta del siglo XX aparecieron las primeras centrales nucleares.

Fig. 2 En la actualidad, el carbón se utiliza para generar energía eléctrica y para producir acero.

PRODUCCIÓN DE ENERGÍAS NO RENOVABLES

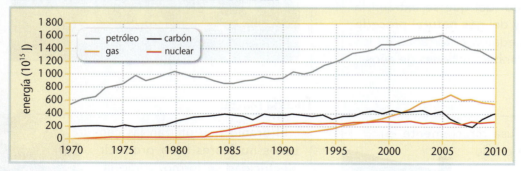

PRODUCCIÓN DE ENERGÍAS RENOVABLES

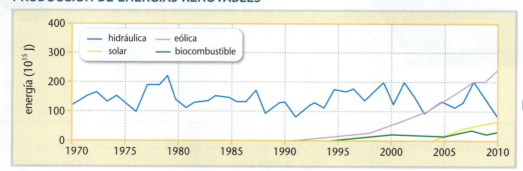

Fig. 3 Actualmente, el petróleo, el carbón y el gas natural son los combustibles más utilizados, pero el uso de fuentes de energía renovables va en aumento.

LAS ENERGÍAS NO RENOVABLES SE AGOTAN

El consumo de energía aumenta de año en año en todo el mundo. Esto significa que las fuentes de energía se consumen cada vez con mayor rapidez.

Por este motivo, es muy probable que los recursos energéticos no renovables se agoten en un plazo de tiempo relativamente breve.

Ante esta situación, es necesario tomar algunas medidas como las siguientes:

– Frenar el consumo energético.
– Usar recursos renovables.

@ **Amplía en la Red...**

Comprende mejor el efecto invernadero en:
www.tiching.com/115917

Inconvenientes de las energías no renovables

La producción, el transporte y el consumo de las fuentes energéticas habituales (no renovables) genera problemas de contaminación ambiental.

Las centrales eléctricas, las industrias, los vehículos y las calefacciones expulsan al aire sustancias nocivas, que cambian su composición y lo contaminan. Este efecto negativo es la **contaminación atmosférica**.

La contaminación del medioambiente produce efectos negativos como los siguientes:

- **Lluvia ácida**. Las emisiones contaminantes llegan al suelo con la lluvia o la nieve, y destruyen la vegetación.

- **Aumento del efecto invernadero**. Se libera al aire gran cantidad de dióxido de carbono (CO_2) que hace que la Tierra se caliente más de lo debido y que se produzca el denominado *cambio climático* que, entre otros efectos, provoca el derretimiento de los glaciares polares.

- **Contaminación del agua del mar**. El petróleo se transporta desde los lugares donde se extrae hasta donde se utiliza. Se lleva en barcos que pueden sufrir accidentes y verter el petróleo al mar, produciendo la denominada *marea negra*.

- **Problemas de salud**. La contaminación del aire produce alergias y problemas respiratorios, de corazón y digestivos.

- **Sustancias radiactivas**. Proceden de las centrales nucleares y deben almacenarse bajo estrictas condiciones de seguridad.

Actividades

1. Observa la gráfica de la página anterior: ¿qué fuente de energía no renovable ha crecido más en los últimos 40 años? ¿Y de entre las renovables?

2. Explica por qué llamamos fuentes de energía renovables a las que no se agotan y fuentes de energía no renovables a las que sí se agotan.

3. De las siguientes fuentes de energía, indica cuáles se agotan y cuáles no:

   a. El petróleo   c. El Sol   e. El viento
   b. El agua   d. El carbón f. El uranio

4. Cita en qué lugares se originan los contaminantes atmosféricos.

5. Explica qué es contaminar. Pon ejemplos de contaminación del aire y del agua.

6. Averigua y explica qué es el *efecto invernadero*.

7. @ ¿Qué es la *marea negra*? ¿Cómo se produce? Busca información sobre algún caso reciente de marea negra y cuáles fueron sus efectos.

8. ¿Crees que podríamos hablar de *energías no renovables y contaminantes*?

La energía: obtención y consumo

3 La producción de electricidad con energías no

3.1. Producción de energía eléctrica

Producir energía eléctrica significa obtener electricidad a partir de otras formas de energía.

> Una **central eléctrica** es un conjunto de instalaciones que producen energía eléctrica.

Del mismo modo que sucede en las dinamos de las bicicletas, los **generadores** que hay en las centrales eléctricas constan de un imán que gira e induce corriente eléctrica. La parte del generador que realiza el giro se llama **turbina** fig. 1.

Las centrales eléctricas se clasifican en función de la fuente de energía que se utiliza para hacer girar la turbina.

Fig. 1 Turbina de un generador eléctrico.

▸ Centrales térmicas

Se llaman **centrales térmicas** aquellas que queman combustible para calentar agua. Cuando el agua caliente se convierte en vapor, se lanza a presión sobre la turbina para hacerla girar.

El vapor de agua se condensa al refrigerarse mediante una corriente externa de agua fría. Tanto el vapor de agua y como el agua líquida que le corresponde van por un circuito interior y no se mezclan con el agua fría exterior.

Los principales combustibles de las centrales térmicas son el carbón, el gas natural y el petróleo y sus derivados.

PRINCIPALES COMBUSTIBLES

carbón

gas natural

petróleo

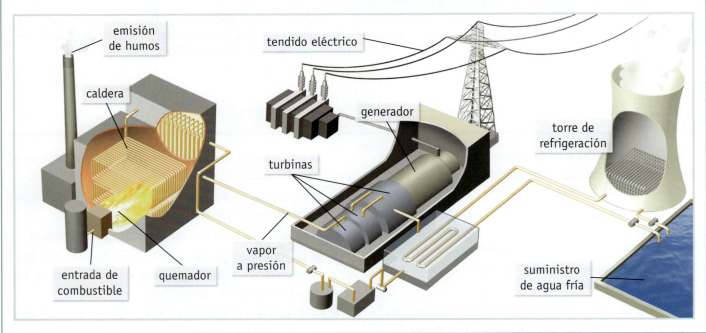

220 Tema 12

renovables

▸ Centrales nucleares

Las **centrales nucleares** utilizan el calor producido en reacciones nucleares para calentar agua y generar el vapor necesario para hacer girar la turbina. El principal material radiactivo utilizado es el uranio.

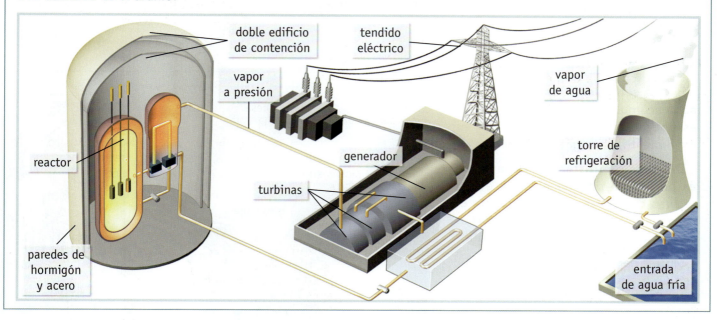

Transporte de la electricidad

La energía eléctrica no se puede almacenar, de modo que siempre debe haber un equilibrio entre producción y consumo.

Para evitar pérdidas de energía durante el transporte, la energía debe transformarse de media a alta o muy alta tensión. Cuando la energía llega a los pueblos o ciudades, es necesario restablecer la tensión original mediante otro transformador.

Así es como la electricidad generada en las centrales eléctricas llega a las viviendas y fábricas.

Esquema del transporte de la corriente eléctrica hasta nuestros hogares. ◂

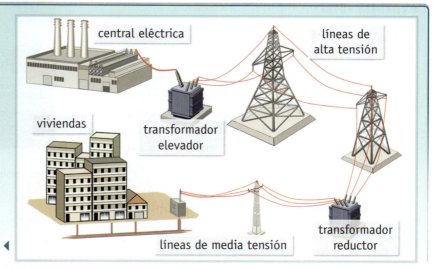

Actividades

1. Explica qué es una central eléctrica.
2. Describe las partes de una central térmica y las de una central nuclear. Indica qué combustibles se usan en cada caso.
3. ¿De dónde viene la electricidad de los enchufes en los que conectamos los aparatos eléctricos?
4. ¿De qué manera se transporta la electricidad hasta nuestras casas?

La energía: obtención y consumo

4. La producción de electricidad con energías

4.1. Energía limpia

Las energías renovables son alternativas limpias a las energías no renovables. Esto significa que las energías no renovables no contaminan y que no se agotan.

No obstante, las energías renovables también presentan algunos inconvenientes.

▶ La energía hidráulica

En las **centrales hidroeléctricas** el agua acumulada en grandes embalses es liberada en las **presas** y, con su movimiento, hace girar la turbina.

Decimos que este tipo de energía es renovable porque el agua es un recurso que no se agota: mediante el ciclo natural del agua, los ríos aportan agua a los embalses constantemente.

Sin embargo, los embalses producen un gran impacto ambiental y pueden alterar la vida de los peces y de las plantas.

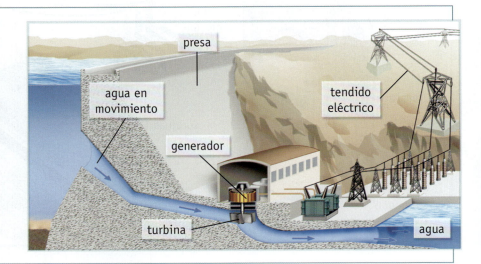

▶ La energía solar

La **energía solar** es la que procede directamente del Sol, y es prácticamente inagotable.

Esta energía se puede aprovechar mediante **placas fotovoltaicas**. En la actualidad se construyen grandes concentraciones de placas fotovoltaicas interconectadas formando **centrales fotovoltaicas**, que requieren un amplio territorio de uso exclusivo para esta función.

El inconveniente de la energía solar es que no puede obtenerse de noche o en días nublados.

La energía del Sol también es una fuente de calor. Las **placas solares** consisten en grandes paneles de vidrio, bajo los cuales hay tuberías que contienen agua. Los rayos solares atraviesan el vidrio y calientan el agua de estas tuberías, que sirve para calefacción o para tener agua caliente de uso cotidiano.

El inconveniente de este tipo de placas es que reducen su rendimiento en climas fríos.

Placas solares en el tejado de una casa.

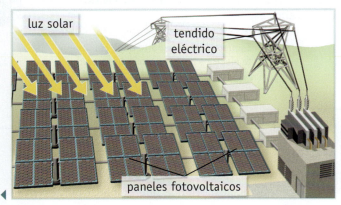

Central fotovoltaica. ◀

renovables

La energía eólica

Mediante **aerogeneradores** se puede aprovechar la fuerza del viento para generar electricidad.

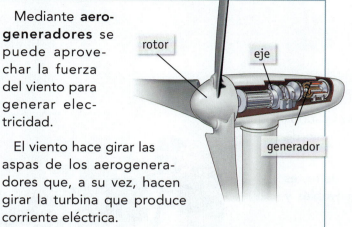

El viento hace girar las aspas de los aerogeneradores que, a su vez, hacen girar la turbina que produce corriente eléctrica.

Los lugares donde se concentra un gran número de aerogeneradores se denominan **parques eólicos** o **centrales eólicas**.

A pesar de ser una fuente de energía limpia, los aerogeneradores presentan los siguientes inconvenientes:

- Producen un gran impacto visual.
- Interfieren con las rutas de las aves migratorias.

La energía de la biomasa

La **energía de la biomasa** se obtiene de residuos vegetales de bosques o de cultivos, de restos de la depuración de aguas, de aceites de freír, incluso de cultivos dedicados a este fin, llamados **cultivos energéticos**.

La biomasa se quema para producir directamente calor o electricidad (como en las centrales térmicas) o para obtener combustibles para vehículos, como el *biodiésel* y el *bioalcohol*.

Planta para el tratamiento de biomasa. Este tipo de plantas permiten obtener electricidad a partir de residuos vegetales.

La energía geotérmica

La **energía geotérmica** proviene del calor interno de la Tierra. Para producir electricidad con esta energía, se introduce agua fría a presión hasta una zona muy caliente del interior de la Tierra, donde se convierte en vapor a elevada temperatura.

Este vapor se extrae por medio de una tubería adecuada hasta la superficie, donde hace girar una turbina conectada a un generador eléctrico.

La energía geotérmica también se utiliza como fuente de calor para calefacción.

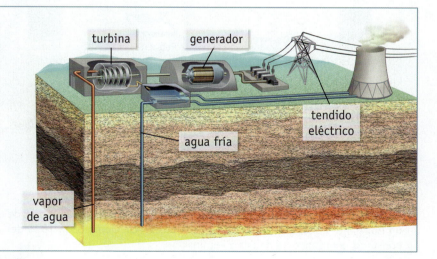

Actividades

1. Describe las partes más importantes de una central hidroeléctrica.
2. Explica cómo se puede aprovechar la energía del Sol para calentar viviendas y para producir electricidad.
3. @ Infórmate de si hay alguna central hidroeléctrica cerca de donde vives. Busca información sobre ella en Internet y escribe un informe. Puedes completar el informe con fografías de la central.

La energía: obtención y consumo

5 Consumo y ahorro de energía

Los principales pilares del desarrollo sostenible son la reducción de residuos y el ahorro de energía.

A EL CONSUMO ENERGÉTICO SOSTENIBLE

De toda la energía que se produce en la Tierra, las tres cuartas partes las consume apenas un 15% de la población. El resto de la humanidad apenas tiene acceso a dicha energía.

Por otra parte, para mantener y cuidar la vida en la Tierra, es imprescindible usar recursos energéticos limpios y renovables y respetar el medioambiente.

En resumen, el consumo energético debe ser más equitativo y sostenible. Todo ello requiere:

- Un reparto equilibrado de los recursos energéticos entre todos los habitantes del planeta.
- No pensar solamente en el bienestar de hoy, cerrando los ojos a lo que sucederá en el futuro.

Mientras que las sociedades desarrolladas consumen gran cantidad de energía, en otros lugares del mundo el consumo energético es muy reducido.

El gráfico muestra qué parte del consumo energético eléctrico total de un hogar de 4 personas se dedica a cada tarea. Por ejemplo, un 18 % del consumo energético se dedica a iluminación.

- Iluminación 18%
- Frigorífico 18%
- Calefacción 15%
- Televisor 10%
- Vitrocerámica Cocina eléctrica 9%
- Lavadora 8%
- Pequeño electrodoméstico 7%
- Horno eléctrico 4%
- Agua caliente 3%
- Microondas 2%
- Secadora 2%
- Lavavajillas 2%
- Aire acondicionado 1%
- Ordenador 1%

Actividades

1. ¿Disponen de agua y de electricidad todos los habitantes de la Tierra?
2. ¿Qué porcentaje del consumo eléctrico se dedica a cocinar? ¿Y a ver la televisión?
3. ¿Cuándo crees que es mayor el consumo, en verano o en invierno? ¿Por qué?
4. Explica por qué decimos que *no debemos pensar solamente en el bienestar de hoy*.

DESCUBRE

B MEDIDAS PARA AHORRAR ENERGÍA

Las medidas para ahorrar energía deben ser tanto individuales como colectivas. En esta página se citan algunas de ellas.

PARA AHORRAR ENERGÍA DEBE EVITARSE

El descontrol en el uso del aire acondicionado y de la calefacción y el gasto excesivo de agua caliente.

El uso deficiente de los electrodomésticos. Debe cerrarse siempre la puerta de la nevera, pues mantenerla abierta calienta los alimentos y luego es necesario utilizar más energía para enfriarlos. Además, se debe evitar un gasto inútil en iluminación, apagando las luces de las habitaciones en las que no haya nadie.

Apagar solamente con el mando aparatos como los televisores o las radios. Aunque parecen estar apagados, una pequeña luz indica que están en estado latente, es decir, que no están apagados del todo, por lo que consumen energía igualmente.

PARA AHORRAR ENERGÍA DEBE FAVORECERSE

El aislamiento térmico de las viviendas y el uso de la energía solar, tanto térmica como fotovoltaica.

El hábito de ir a pie o en bicicleta, y así evitar el uso de vehículos que utilicen combustibles como la gasolina o el gasóleo.

El uso del transporte público. Para ello debemos disponer de buenas redes de transporte.

Actividades

5. ¿Por qué crees que debemos consumir menos agua, electricidad, gasolina...?

6. ¿Te gustaría vivir sin electricidad? ¿Para qué la usas?

@ Amplía en la Red...

Aprende qué es un edificio ecológico e infórmate sobre cómo ahorrar energía en casa en:
www.tiching.com/744012 y www.tiching.com/744013

La energía: obtención y consumo **225**

6 Generación y transformación de la energía

LABORATORIO

La energía no se crea ni se destruye, solo se transforma. Vamos a experimentar diferentes transformaciones de energía.

A. GENERAR ENERGÍA ELÉCTRICA A PARTIR DE ENERGÍA QUÍMICA

Construcción de un generador casero

1. Introduce un clavo y una moneda en cada limón y conéctalos entre sí con sus respectivos cables al led o a la entrada del voltímetro.
2. Observarás que el led se enciende y que el voltímetro detecta el paso de corriente.
3. Hemos producido electricidad (energía eléctrica), que pasa desde cada clavo hasta la moneda, a través del líquido contenido en el limón (energía química). ¿Cómo se llama el dispositivo que has fabricado?

Material
- Cuatro limones
- Clavos de zinc
- Monedas de cobre
- Cables conectores
- Pinzas de cocodrilo
- Voltímetro
- Led

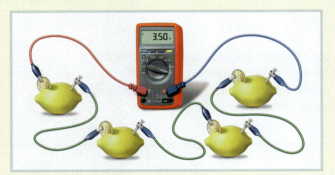
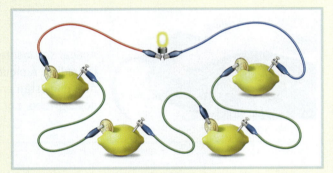

B. TRANSFORMAR ENERGÍA CALORÍFICA EN ENERGÍA CINÉTICA

Cómo hacer girar un molinillo de papel

1. Construye un pequeño molinillo de papel.
2. Sitúa el molinillo por encima de la vela encendida (energía calorífica) y verás como empieza a girar (energía cinética).
3. Coloca ahora el molinillo sobre el vapor (energía calorífica) que desprende el agua caliente, verás como también gira.

Material
- Molinillo de papel
- Vela
- Calentador
- Recipiente con agua

226 Tema 12

LABORATORIO

C. CALENTAR AGUA CON ENERGÍA SOLAR

Construcción de un radiador solar

1. Corta la cartulina negra y colócala en el fondo de la caja de cartón.
2. Recorta dos orificios en un lateral de la caja, lo más alejados posible. Introduce el tubo por uno de los orificios, distribúyelo en eses por el fondo de la caja, y sácalo por el otro.
3. Cubre la caja con film transparente y séllala con celo. Asegúrate de que los orificios también están bien sellados.
4. Haz dos agujeros en el lateral de la botella, uno en la parte de abajo y otro en la parte de arriba. Introduce un extremo del tubo en cada agujero y séllalos con pegamento.
5. Llena la botella de agua, asegurándote de que el tubo también queda lleno de agua.
6. Cierra la botella e introduce un termómetro a través del tapón. Utiliza la pinza para sujetar el termómetro.
7. Coloca el montaje de forma que la caja quede expuesta directamente al Sol pero la botella se mantenga a la sombra.
8. Durante varias horas, anota la temperatura cada media hora en una tabla como esta:

Tiempo (h)	Temperatura (ºC)
11.00	
11.30	
12.00	
12.30	

9. Elabora una gráfica con los resultados obtenidos, representando el tiempo en el eje OX y la temperatura en el eje OY.

Material
- Caja de cartón poco profunda
- Botella de plástico
- Cartulina negra
- Tubo fino de plástico
- Film transparente
- Tijeras
- Celo
- Pegamento
- Termómetro
- Pinza

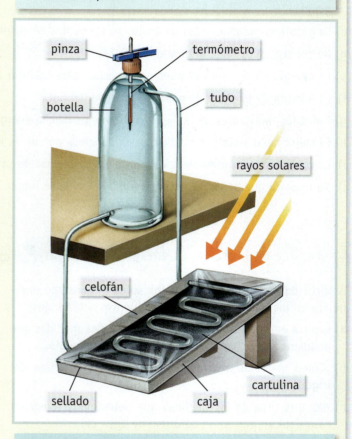

Preguntas

1. Intepreta la gráfica obtenida.
2. ¿Qué transformación de energía se lleva a cabo en el calentador solar?
3. ¿Qué inconveniente presenta este calentador?

Actividades

1. Busca información en Internet y escribe en tu cuaderno un informe sobre el funcionamiento de un tipo de central eléctrica a tu elección. Cuando termines, expón tus conclusiones en clase. Antes de empezar puedes consultar: www.tiching.com/92740

2. Constantemente se están proponiendo nuevos usos para la energía solar. Una de estas nuevas aplicaciones son las *carreteras solares*. Explica en qué consiste esta idea y qué ventajas e inconvenientes presenta. Puedes empezar visitando: www.tiching.com/724105

La energía: obtención y consumo   227

Taller de ciencia • Taller de ciencia • Taller d

1 Razona. Fuentes y formas de energía

Escribe en tu cuaderno de forma correcta las siguientes frases, añadiendo la explicación necesaria:

a) Algunas energías se transforman en otras, pero la energía eléctrica no, nunca se transforma.
b) El carbón y el petróleo no se acabarán nunca porque nuestro planeta es muy grande.
c) La gasolina que mueve los vehículos se encuentra en el fondo del mar.
d) No conseguimos nada ahorrando energía.
e) La energía del Sol solo se puede aprovechar para calentar las casas.
f) La energía de la carne de pollo no procede del Sol.
g) Todos los habitantes de la Tierra consumimos mucha energía.
h) Es mejor desplazarse en coche que en bicicleta porque es más rápido.
i) La contaminación atmosférica no produce problemas de salud.
j) No importa que se vierta petróleo al mar porque se limpia solo.

2 Analiza un esquema. La energía en el hogar

A partir del esquema de la derecha sobre el consumo energético en los hogares, realiza las siguientes actividades:

a) Explica en qué se gasta más energía; indica medidas que podemos tomar para reducir este gasto de energía.
b) ¿Cómo podemos ahorrar en el consumo energético del frigorífico?
c) Haz una lista de las medidas que deberíamos tomar en casa para ahorrar en el consumo de agua caliente.
d) ¿Qué podemos hacer para gastar menos energía en iluminación?
e) ¿Cuáles de las medidas que has comentado se toman actualmente en tu hogar?

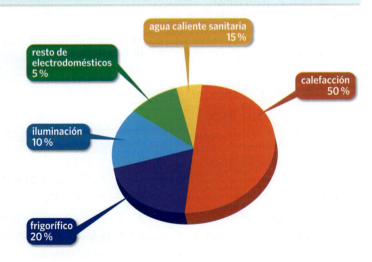

3 Completa. Fuentes de energía

Usa estas palabras (todas las veces que necesites) para rellenar los huecos de las siguientes frases:

petróleo   directa   carbón   eólica   uranio
gas natural   Sol   gasolina   solares   energía

a) Todas las fuentes de ▬▬ tienen su origen en el ▬▬.
b) La ▬▬ y el gasóleo se extraen del ▬▬.
c) La energía ▬▬ es la energía del viento.
d) Los paneles ▬▬ utilizan la energía ▬▬ del Sol.
e) El ▬▬ es un mineral que produce energía para generar electricidad.
f) El ▬▬ procede de árboles enterrados hace millones de años. El ▬▬ y el ▬▬ proceden de organismos marinos.

228 Tema 12

Taller de ciencia • Taller de ciencia • Taller de ciencia

4 Busca en la Red. El ahorro de energía

Mira el siguiente video sobre el ahorro energético y contesta las preguntas:

www.tiching.com/744015

a) Indica todos los aparatos eléctricos que están funcionando en la habitación de Manu.
b) ¿Qué le explica Dag que pasa si malgasta energía?
c) ¿Se necesita que todos los aparatos eléctricos estén encendidos a la vez?
d) Explica qué sucede con los aparatos que quedan en *stand-by* y qué debemos hacer para evitarlo.
e) ¿Qué conseguimos aprovechando la luz solar?
f) ¿Por qué debemos apagar el ordenador cuando no lo utilicemos?
g) Describe cómo puedes aplicar estos consejos para el resto de tu casa.

5 Analiza un texto. Energía geotérmica en Islandia

La energía geotérmica es la que aprovecha el calor del interior de la Tierra, proveniente del magma que está a temperaturas de más de 1 000 grados.

Islandia es una isla situada sobre una zona que tiene el magma mucho más próximo que lo habitual. Por eso tiene más de 200 volcanes, algunos activos, géiseres, fumarolas y agua caliente que sale del suelo de forma natural.

En este país aprovechan el agua caliente natural para bañarse en ríos y piscinas naturales, así como repartida mediante larguísimas tuberías para calentar las viviendas, incluso las aceras de las calles, y para llenar las piscinas artificiales que existen en todos los barrios y que sus habitantes utilizan casi todos los días para relajarse después del trabajo y encontrarse con sus amistades.

Una utilización más reciente de esta agua caliente está en la producción de energía eléctrica, por lo que ya no dependen tanto de las fuentes de energía no renovable como el petróleo, el carbón o el uranio.

a) Lee atentamente este texto y explica su contenido con tus propias palabras en tu cuaderno.
b) Busca el significado de géiser y fumarola. Busca también el origen de la palabra géiser.
c) Explica la diferencia entre piscina natural y artificial.
d) Busca en Internet información sobre alguna erupción volcánica reciente en Islandia.
e) ¿Conoces alguna piscina natural o artificial con agua caliente gracias a la energía geotérmica?

La energía: obtención y consumo 229

Taller de ciencia • Taller de ciencia • Taller de

6 Analiza las imágenes. La energía del viento

El proyecto hidroeólico de Gorona del Viento (isla de El Hierro) comprende:

- Un parque eólico.
- Un depósito superior de agua y uno inferior. Entre ambos se sitúan, por un lado, unas conducciones forzadas conectadas a una central de bombeo y, por el otro, unas conducciones conectadas a una central hidroeléctrica.
- Una subestación eléctrica de interconexión entre central hidráulica, central de bombeo y parque eólico.

a) Cuando la demanda de electricidad es menor que la electricidad generada por el parque eólico, el excedente se utiliza en subir agua del depósito inferior al superior. ¿Qué utilidad tiene este uso?

b) Si la central eólica genera menos electricidad de la necesaria, se pone en marcha la central hidroeléctrica dejando caer agua del depósito superior al inferior. Explica las ventajas de combinar una central eólica y una hidroeléctrica.

7 Calcula. La energía de los alimentos

La energía se mide en julios, J. Esta unidad es muy pequeña y, en muchas ocasiones, se utiliza el kilojulio (kJ): 1 kJ = 1 000 J.

Para indicar la energía que contienen los alimentos, además del kilojulio, se usa la kilocaloría (kcal). La relación entre ambas unidades es la siguiente:

$$1 \text{ cal} = 4{,}18 \text{ J}$$

En la siguiente tabla tienes unos determinados alimentos y su contenido energético en kilojulios por cada 100 g. Calcula dichos valores energéticos en kilocalorías.

Alimento	Energía, E (kJ/100 g)
Pan	255
Macarrones	350
Lentejas	330
Chocolate	550
Coliflor	30
Lechuga	18
Higos	80
Manzana	52
Plátano	90
Yogur	75
Nueces	660

230 Tema 12

Síntesis. La energía: obtención y consumo

Fuentes de energía
- Se llaman **fuentes de energía** los recursos energéticos que el ser humano utiliza para generar energía: el Sol, el viento, el agua…
- Todas las fuentes de energía tienen su origen en el Sol.

Energías no renovables
- Las fuentes de energía **no renovables** son aquellas que no pueden reponerse.
- Son fuentes de energía no renovables: el carbón, el petróleo, el gas natural y el uranio.
- Las fuentes de energía no renovables contaminan: ensucian el aire y el agua de ríos y mares, producen la lluvia ácida que destruye la vegetación, y aumentan el efecto invernadero que calienta la atmósfera.

Energías renovables
- Las fuentes de energía **renovables** se regeneran de forma natural o son prácticamente inagotables.
- Son fuentes de energía renovables: el viento, el agua, el Sol, la biomasa y el calor del interior de la Tierra.

Consumo sostenible
- Tienen que repartirse los recursos energéticos por igual entre todos los habitantes del planeta.
- No tenemos que pensar solamente en el bienestar de hoy, también debemos pensar en las futuras generaciones.

1 CONSOLIDA LO APRENDIDO
a) ¿Para qué necesitamos energía?
b) ¿Por qué decimos que toda la energía que utilizamos procede del Sol?
c) Cita cuáles son las principales fuentes de energía no renovables.
d) ¿Por qué decimos que las energías no renovables contaminan?
e) ¿Qué efectos negativos producen las fuentes de energía no renovables?
f) Cita fuentes de energía renovables.
g) ¿Por qué debemos ahorrar energía?
h) ¿Qué medidas puedes tomar para ahorrar energía?

2 DEFINE CONCEPTOS CLAVE
- Fuente de energía
- Energía solar
- Energía eólica
- Biomasa
- Fuente de energía renovable
- Fuente de energía no renovable
- Energía geotérmica
- Consumo sostenible

RESPONDE A LA PREGUNTA INICIAL
Después de haber estudiado este tema, puedes responder a la pregunta inicial:

¿De dónde obtenemos la energía?

Redacta un texto de entre 10 y 20 líneas que resuma las conclusiones a las que hayas llegado.

AFIANZA LO APRENDIDO
Para consolidar los conocimientos adquiridos, puedes efectuar las actividades propuestas en:

www.tiching.com/744961

Están preparadas en un documento en formato pdf que puedes descargarte. Al final, hallarás las soluciones.

Las unidades de medida

El sistema internacional de unidades

Actualmente, en ciencia y tecnología, y en la mayoría de países del mundo, se utiliza el llamado **sistema internacional de unidades** (SI). Sus principales ventajas son:

- Su simplicidad.
- Su facilidad de conversión.
- Su aceptación mundial.
- Sus unidades se pueden reproducir en laboratorios de alta tecnología.

Unidades básicas y derivadas

El SI consta de siete **unidades básicas** tabla 1 . El resto de unidades se definen por combinación de las básicas y por eso se llaman **unidades derivadas** tabla 2 .

Otras unidades

Existen otras unidades que no pertenecen al sistema internacional pero que se usan en situaciones cotidianas; por ejemplo, las unidades de tiempo como el minuto, la hora, el día, el año...

Tabla 1

MAGNITUDES Y UNIDADES BÁSICAS		
Magnitud	**Unidad**	**Símbolo**
Longitud	metro	m
Masa	kilogramo	kg
Tiempo	segundo	s
Temperatura	kelvin	K
Intensidad de corriente	amperio	A
Cantidad de sustancia	mol	mol
Intensidad luminosa	candela	cd

Tabla 2

PRINCIPALES MAGNITUDES DERIVADAS					
Magnitud	**Unidad**	**Símbolo**	**Magnitud**	**Unidad**	**Símbolo**
Superficie	metro cuadrado	m^2	Fuerza	newton	N $1\ N = 1\ kg \cdot m/s^2$
Volumen	metro cúbico	m^3	Fuerza	newton	N $1\ N = 1\ kg \cdot m/s^2$
Velocidad	metro por segundo	m/s	Trabajo y energía	julio	J $1\ J = 1\ kg \cdot m^2/s^2$
Aceleración	metro por segundo al cuadrado	m/s^2	Trabajo y energía	julio	J $1\ J = 1\ kg \cdot m^2/s^2$

Múltiplos y submúltiplos

La escritura de cantidades muy grandes o muy pequeñas se simplifica empleando **múltiplos** y **submúltiplos** de las unidades. De esta manera se evita escribir números con muchas cifras y, por tanto, se facilita la lectura.

Los múltiplos y submúltiplos de las unidades se indican mediante prefijos o, de forma abreviada, por sus símbolos tabla 3 .

Algunos de los múltiplos y submúltiplos más utilizados de las unidades básicas y derivadas del sistema internacional son:

- 1 km = 1 000 m
- 1 cm = 0,1 m
- 1 mA = 0,001 A
- 1 hPa = 100 Pa

Tabla 3

Prefijo	Símbolo	Factor multiplicador
kilo-	k	1 000
hecto-	h	100
deca-	da	10
deci-	d	0,1
centi-	c	0,01
mili-	m	0,001

Factores de conversión

Para expresar una cantidad mediante múltiplos o submúltiplos, o en otra unidad que no sea del SI, se utilizan los **factores de conversión**.

El procedimiento consiste en multiplicar la cantidad que hay que convertir, x, por un factor de conversión $\frac{a}{b}$, donde a y b son cantidades equivalentes (por ello el valor numérico de la fracción es 1), pero expresadas en unidades diferentes.

Ejemplo

1. Expresa un período de tiempo de 3 días en minutos.

Como 24 h = 1 día, el factor $\frac{24 \text{ h}}{1 \text{ día}}$ convierte días en horas.

Como 1 h = 60 min, el factor $\frac{60 \text{ min}}{1 \text{ h}}$ convierte horas en minutos.

Ahora aplicamos factores de conversión y obtenemos:

tiempo = 3 días · $\frac{24 \text{ h}}{1 \text{ día}}$ · $\frac{60 \text{ min}}{1 \text{ h}}$ = $\frac{3 \cdot 24 \cdot 60}{1 \cdot 1}$ min = 4 320 min

Notación científica

La **notación científica** se utiliza para expresar brevemente números con muchas cifras.

Un número está expresado en notación científica si es de la forma:

$$C \cdot 10^n$$

Donde n es un número entero y C es un número con una única cifra entera distinta de cero.

TEN EN CUENTA

Son números con una única cifra entera distinta de cero:

- 2
- −7,8
- 1,99
- 2,0
- −9,762
- 4,002

Pero no lo son:

- 200
- 0,21
- 17,28

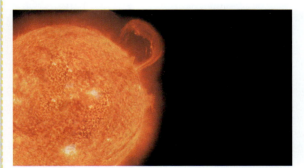

Si n es positivo, deberemos multiplicar C por un 1 seguido de n ceros. Por ejemplo, la distancia media de la Tierra al Sol es:

$$\overset{8 \text{ ceros}}{1,495 \cdot 10^8 \text{ km} = 1,495 \cdot 100\,000\,000 \text{ km} = 149\,500\,000 \text{ km}}$$

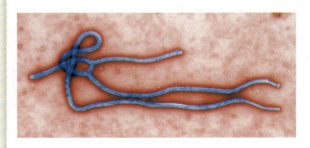

Si n es negativo, el factor por el que deberemos multiplicar C lo obtendremos escribiendo un 1 con n ceros a la izquierda, y colocando la coma decimal después del primer cero. Por ejemplo, la longitud del virus del ébola es:

$$\overset{7 \text{ ceros}}{9,7 \cdot 10^{-7} \text{ m} = 9,7 \cdot 0,000\,000\,1 \text{ m} = 0,000\,000\,97 \text{ m}}$$

Ilustrado por: Carles Salom.

Agradecemos a NASA la posibilidad de utilizar su material fotográfico
(tema 7, pág. 122-123).

Este libro está impreso en papel ecológico reciclable y con tintas exentas de elementos pesados solubles contaminantes. Directiva Europea 88/378/UE, norma revisada EN/71.

Los editores han hecho todos los esfuerzos posibles para asegurar que las direcciones web son las correctas en el momento de la impresión de este libro y no serán responsables de cualquier variación o imprecisión en las páginas web citadas en el presente Libro. Los Titulares del © y la Editorial no serán responsables del contenido de ningún sitio web mencionado en este libro.

Primera edición, 2016

4 5 6 7

© M.ª J. MARTÍNEZ DE MURGUÍA.. Sobre la parte literaria.
© EDITORIAL VICENS VIVES, S.A. Sobre la presente edición según el art. 8 del Real Decreto Legislativo 1/1996.

Depósito Legal: B. 12.584-2016/ N.º de Orden V.V.: OM90.

Obra protegida por el RDL 1/1996, de 12 de abril, por el que se aprueba el Texto Refundido de la Ley de Propiedad Intelectual y por la normativa vigente que lo modifica. Prohibida la reproducción total o parcial por cualquier medio, incluidos los sistemas electrónicos de almacenaje, de reproducción, así como el tratamiento informático. Reservado a favor del Editor el derecho de préstamo público, alquiler o cualquier otra forma de cesión de uso de este ejemplar.

IMPRESO EN ESPAÑA. PRINTED IN SPAIN.